이것은 왜
직업이 아니란 말인가

이것은 왜 직업이 아니란 말인가

1판 1쇄 발행 2019년 1월 11일 | **1판 6쇄 발생** 2023년 5월 15일

지은이 박정훈 | **펴낸이** 임중혁 | **펴낸곳** 빨간소금 | **등록** 2016년 11월 21일 (제2016-000036호)

주소 (01021) 서울시 강북구 삼각산로 47, 나동 402호 | **전화** 02-916-4038

팩스 0505-320-4038 | **전자우편** redsaltbooks@gmail.com

ISBN 979-11-965859-0-7(03300)

• 책값은 뒤표지에 있습니다.

알바노동자의 현재와 미래

이것은

왜

직업이

아니란

말인가

박정훈 지음

빨간소금

여기, 알바노동자들이 있다

"알바생이 연차휴가가 어디 있습니까? 직원처럼 문자 보내면 사칭
죄로 경찰에 고발합니다."

부산의 유명 프랜차이즈 카페에서 일한 박정원이 주휴수당을 요
구했다가 사장에게 들은 말이다. 사장은 자기 가게에서 일하는 사람
을 '알바생'으로 부르며 '정직원'과 구별한다. 알바생이 자기 권리를
주장하자 직원을 사칭하지 말라며 경찰에 고발하겠다고 협박한다.

사장으로서는 실망스럽겠지만 근로기준법은 정직원과 알바를 구
분하지 않는다. 우리가 흔히 쓰는 '비정규직'이나 '정규직'이라는 말
도 없다. 오로지 '근로자'라는 말만 있다. 사용자와 일하기로 계약을
맺고 임금을 받는 사람은 모두 근로자로서 똑같이 법의 보호를 받는
다. 하지만 이것은 법적 규정일 뿐이고, 현실에서는 정직원, 비정규
직, 알바라는 말을 더 많이 쓴다. 그리고 이들 사이에 차별을 둔다. 이
차별의 중요한 근거가 바로 '자격'이다.

과거 신분제 사회에서는 혈연에 따라 신분을 나누고 그에 상응하

는 자격을 부여했다. 오늘날에는 '능력'이 혈연을 대체한다. 좋은 대학, 좋은 직장에 갔다면 능력이 있는 셈이므로 그에 상응하는 권리가 주어져야 한다. 이 능력은 때때로 노력과 등치되고, 이 노력을 객관적이고 공정하게 평가할 수 있는 수단으로 시험이 제시된다. 시험을 잘 치르는 능력이 없다면, 노력 안 하는 게으른 사람이 된다. 그래서 사람들은 비정규직의 정규직화에 분노한다. 노력도 안 하고 거저먹는다고 생각하는 것이다. 물론 예외는 있다. 넘사벽의 금수저를 물고 태어난 사람은 시험에 임할 필요가 없다.

그렇다면 알바는? 논외다. 알바는 비정규직이 정규직이 되기 위해 감수하는 2년의 고통스런 시간도 보내지 않는 이들이다. 잠깐 왔다가는 존재일 뿐이다. 직원 자격도 안 되는 이런 존재가 근로기준법을 지키라고 요구하니 사장은 화가 난다. 그런데 이 자격의 논리는 사장에게만 분노를 일으키지 않는다. 사람들은, 알바가 해외여행을 가거나 비싼 스테이크를 먹고 고급 옷을 입으면 사치라고 여긴다. 심지어 분노한다. 능력과 자격에 따라 욕망도 통제되어야 한다고 믿기 때문이다. 그러면서 이 욕망을 포기하고 더 나은 자격 획득을 위해 노력하는 것이야말로 가난한 사람, 청년, 알바들의 의무라고 충고한다.

지금까지 알바노동은 학생들의 용돈, 주부들의 반찬 값, 심지어 노인들의 건강을 위한 노동으로 여겨졌다. 소위 '정상적인' 직업을 갖지 못한 탈락자들의 노동, 즉 실업자와 백수 들의 노동이었다. 하지만 대기업 프랜차이즈가 이들을 조직적으로 사용하기 시작하면서 하나의 노동시장이 만들어졌다. 이제 알바노동은 프랜차이즈 산업 성장을 위한 필수불가결한 요소가 되었다. 10대 청소년의 전단지 돌리기부터 60대 노인의 지하철 택배까지, 대학생과 주부의 파트타임 잡부터 정규직 노동자의 투잡과 해고 노동자의 생계 수단까지 알바노동의 세계는 나이와 성별, 업무 성격을 가리지 않는다. 이렇게 다양한 알바노동시장을 나는 이 책에서 제1노동시장인 정규직, 제2노동시장인 비정규직과 구분해서 '제3노동시장'이라 이름 붙였다. '직업 없는 사람들의 노동'이라는 모순적 자기규정을 그대로 둔 채, 자본과 국가는 저임금과 장시간 노동, 근로기준법 위반과 폭언·폭행, 손님들의 갑질과 알바들의 추노 등 다양한 문제들을 만들어내고 있다.

　이 책을 준비하는 2년여 동안 기술 발달로 실업자와 백수를 훨씬 더 잘 활용할 수 있는 길이 열렸다. 바로 '플랫폼 노동'이다. 이제 잉여 인력들을 플랫폼이라는 정거장에 대기시켰다가 일감이라는 열차가 오면 태워서 보낸다. 애플리케이션에 접속한 100명의 배달 기사에게 1초 단위로 배달 건수가 도착하면, 그중 1명이 배달 주문을 처리하는 식이다. 지금까지 비정규직을 2년, 알바노동자를 3개월 내지 6개월 단위로 쓰고 버렸다면, 플랫폼 노동은 1초 단위로 쓰고 대기하게 한다. 알바노동이 실업자와 백수를 산업에 끌어다 쓴다면, 플랫폼 노동은 일할 수 있는 모든 사람들의 시간을 끌어다 쓴다. 누구나 남는 시간 동안 애플리케이션에 접속하면 노동자가 될 수 있다. 제3노동시장을 근본적으로 뒤바꿀 변화가 오고 있는 셈이다.

어디까지 변화할지 예측하기 쉽지 않지만, 한 가지는 확실하게 말할 수 있다. 9시에 출근해서 6시에 퇴근하는 직장만을 '정상'이라고 생각하는 한 아무것도 설명할 수 없다는 점이다. 따라서 남 불편하게 하는 이상한 알바노동자가 되더라도 나는 세상에 계속 질문을 던질 것이다.

"이것은 왜 직업이 아니란 말인가?"

2019년 1월

박정훈

1

제3노동시장의
출현

"현대자동차 정규직 들어가려면 2,000만 원 정도 있어야 해."

1997년 한국이 IMF(국제통화기금) 위기라는 충격적인 사건을 당했을 때 나는 초등학교 5학년이었다. 싱크대가 무엇인지 몰랐고, 보일러가 없어서 가스레인지에 물을 데워 씻었다. 아침마다 등에 붙어 있던 죽은 바퀴벌레를 형에게 떼어달라며 눈물 흘리고, 마당에서 개를 키우고, 빨간색 대야에 들어가 목욕하던 시절이 내가 경험한 1990년대였다. 골목길에서 공을 차다가 창문을 깬 이웃에게 크게 혼났지만, 한 번 혼나고 말면 그만이었다. 친구가 수세식 화장실이 있는 아파트나 빌라로 이사했다는 소식에 부러워하고, 두루넷이라는 인터넷을 단 친구 집에 가서 놀기도 했다.

이런 이야기를 하면 많은 사람들이 내 나이를 의심하기도 한다. 1985년생 대도시 사람이 이런 환경에서 살았다는 것이 믿기지 않는다는 표정들이다. 하지만 범일동은 부산의 대표적인 달동네로 또래 친구들의 집 사정도 크게 다르지 않았다. 곽경택 감독의 〈친구〉에 나오는 에로 영화 간판이 있는 시장 통과 언덕 위의 좁은 골목길 사이로 다닥다닥 집들이 붙어 있는 동네다. 동네 꼬마들이 놀다가 슈퍼마켓으로 뛰어들어 집어 먹은 과자와 요구르트 값을 시장 가던 엄마들이 대신 계산하곤 했다. 옆 동네가 요즘 뜨는 감천문화마을인데, 가난이 문화가 되어버린 지금이 오히려 낯설다.

그러다 IMF를 전후해 동네의 건물이 변하고, 아파트로 이사를 가거나 학원을 다니는 친구들이 본격적으로 나타났다. 경제 호황의 혜택이 부산 판자촌으로 오기까지는 꽤나 긴 시간이 필요했던 것이다. 국가 부도와 상관없이 도시는 점점 세련되고 깔끔해졌다. 딸 이름으로 슈퍼마켓 이름을 지었던 인심 좋은 아주머니는 몇 년 뒤 장사를 접었고, 세븐일레븐이라는 깔끔한 편의점이 등장했다. 가장 극적인 변화는 이발소였다. 어느 날 동네에 새로 생긴 미용실에서는 배일호의 〈99.9〉가 늘 울려 퍼졌다. 흥에 겨워 몸을 움직이기도 했지만, 경상도 남자아이는 창피해서 미용실 안으로 들어가지 못했다. 즈음해서 이발소가 사라졌고 미용실에 가기 창피한 사람들을 위해 블루클럽이 등장했다. 저녁이 되면 돌기를 멈추던 이발소의 삼색등은 밤 10시까지 꺼지지 않는 네온사인으로 바뀌었다. 슈퍼와 이발소만이 아니었다. 밥만큼은 넉넉하게 퍼 주던 동네 식당이 공깃밥 1,000원의 프랜차이즈 음식점으로 바뀌었다. 세탁, 배달, 떡볶이, 김밥, 빵 등 업종을 가리지 않았고, 개발될수록 가속도가 붙었다. 기존 점포들은 외곽으로 쫓겨나고 동네가 깔끔하게 변했다. 건물주들의 투기와 대기업 회장의 사촌쯤 되는 이들의 막대한 자금력을 앞세운 골목 상권 침투로 동네 풍경이 바뀌었다. 물론 김밥 집은 소풍날만 되면 스트레스 받던 많은 어머니들의 표정을 바꾸었다. 하지만, 외상도 하고 음식도 나누던 정은 사라졌다.

24시간 불이 꺼지지 않는 도시를 위해

동네 슈퍼마켓이 사라지는 현상은 우리 사는 동네가 점점 더 거대 자본에 의해 재편되는 것을 의미한다. 이러한 변화의 상징이 24시간 불이 꺼지지 않고 밝게 빛나는 편의점이다. 편의점의 52.5%가 주택가에 있다. 프랜차이즈 편의점의 확대는 단순히 동네가 깔끔해지는 것으로만 설명하기 힘들다. 그것은 도시 문화의 변화와 동시에 일어난다.

도시의 경제·사회·문화적 변화를 최근 '젠트리피케이션(Gentrification)'으로 설명하기 시작했다. 문화 자본을 가진 이들(예술가들)이 만들어낸 새로운 동네 문화를 미디어가 노출하면서 사람들의 관심을 끈다. 사람이 몰리니 건물주와 자본의 관심도 모인다. 건물 값이 오르고, 임대료를 지불할 능력이 없는 저소득층과 영세 상인, 문화 자본을 가진 이들이 외곽으로 쫓겨난다. 그리고 이 쫓겨난 자리에 편의점을 비롯한 프랜차이즈가 들어선다. 동네를 떠나지 않은 이들이 지하 방과 옥탑 방에 고립되면서 이 프랜차이즈의 주요 소비자가 된다. 좁디좁은 집에서는 밥을 해 먹거나 일을 할 수 없는 사람들이 프랜차이즈 편의점이나 카페로 몰리는 것이다. 젠트리피케이션이 대표적으로 일어난 곳이 홍대다.

한국 프랜차이즈 시장의 확대는 역사적으로 자유의 확대와 함께했다. 1945년에 처음 생긴 야간 통행금지는 1982년이 되어서야 폐지되었다. 이는 사람들이 자유롭게 밤공기를 마실 수 있다는 뜻이기도 했고, 이제 그들을 상대로 장사를 해도 된다는 의미이기도 했다. 장발과 미니스커트 금지가 풀려야 미용실과 의류 회사가 번성할 수 있는 조건이 만들어지는 이치와 같다. 또한 1996년 1월 1일부터 유통 시장이 개방되면서 해외 유통 자본이 국내에서 사업을 할 수 있게 되었다. 1998년에는 심야 영업 규제를 폐지해 프랜차이즈가 24시간 영업할 수 있는 길을 열어줬다.

이렇게 24시간 불이 꺼지지 않은 도시를 돌리려면 사업장 근처에 거주하면서 9시 출근, 6시 퇴근의 정형화된 시간을 거부하는, 유연한 시간을 가진(흔히 비정상이라고 불리는) 노동자들이 필요하다. 바로 '알바'들이다. 실제로 서울시에서 알바노동자 구인을 제일 많이 하는 곳은 강남 3구(강남구, 서초구, 송파구), 중구, 마포구, 영등포구, 종로구다. 소비력 상위 5개 지역이 알바 구인의 42.9%를 차지한다. 하위 5개 지역인 도봉구, 강북구, 중랑구, 은평구, 금천구는 8.6% 정도에 불과하다.[1] 물론 과거에도 동네 가게에 점원들이 있었다. 하지만 대기업의 로고가 박힌 깔끔한 유니폼을 지급받지는 않았다. 사는 동네에서 벗어나 버스와 지하철을 타고 공장과 회사로 출근하는 노동자가 아니라, 사는 동네로 출근하는 노동자가 생기기 시작했다.

1997년 IMF 이후 사람들은 정규직 노동시장이 정규직과 비정규직으로 갈라지고, 이 둘 사이에 심각한 차별이 발생하는 것에 주목했다. 정규직 일자리가 비정규직 일자리로 전환되고 하청 업체가 우후죽순처럼 생겼으며, 사람 장사하는 파견 업체가 등장했다. 어차피 회사를 돌릴 인력은 필요했으므로, 해고한 뒤 비정규직으로 다시 불러들이거나 신입 사원을 비정규직으로 뽑는 변화가 일어난 것이다. 한마디로 1997년 변화의 핵심은 기존 정규직 일자리의 불안정화였다. 그래서 비정규직 노동운동의 중심도 사내 하청 노동자들의 정규직화 투쟁이었다. 소위 '노동시장의 이중 구조'라고 불리는 문제다. 그런데 이것은 특정한 집단의 경험에 기반 한 이야기일 뿐이다. IMF 이후 노동시장 전체의 변화를 설명하지는 못한다. 정규직 일자리 바깥의 노동시장은 IMF와 관계없이 여전히 존재하고 있었다. 심지어 일용직 노동자는 조선 시대에도 있었다. 내가 주목하는 것은 정규직 노동시장의 분화가 아니라, 원래부터 바깥에 있었던 바로 이 노동시장이다. 사내 하청 비정규직 노동자, 3차 하청 비정규직 노동자와 알바노동자는 임금 체계, 노동시간, 조직 문화, 직면한 문제가 모두 다르다. 이 중 구조 바깥에 존재하는 노동시장과 노동자가 바로 이 책의 주제다.

해고, 비정규직, 청년 실업

우리 사회가 노동시장에서 문제로 삼는 키워드는 해고, 비정규직, 청년 실업이다.

해고는 IMF 체제의 핵심 키워드다. IMF의 여파로 정리해고법이 통과된 뒤 정규직 노동자들에 대한 해고가 쉬워졌다. 금융시장 개방으로 쌍용자동차처럼 투기 자본이 들어와 회계 분석을 한 다음 구조조정을 단행하고 회사를 팔아서 떠나는 사태도 나타났다. 당시 해고가 무서웠던 이유는 정규직 노동자가 가족의 생계를 책임지는 가부장이었을 뿐만 아니라, 실제로 가족의 생계를 지탱할 수 있을 정도의 연봉을 받았기 때문이었다. 즉 가부장이 해고되면 가족구성원 전체의 삶도 붕괴되는 허약한 구조였다. 따라서 가부장으로 인정받지 못했던 여성, 청년, 퇴직자들의 일자리 문제는 부차시될 수밖에 없었다. 실제로 1999년 농협은 사내 부부 780쌍을 정리해고 우선 대상으로 정하고 아내들로부터 사표를 받아냈다. 정리해고의 제1 대상자가 현대자동차 식당 여성 노동자였다는 사실은 미래에 벌어질 여성들의 해고를 예고하는 복선과 같았다.

정규직 남성 가장의 모습을 한 해고 담론에서는 맞벌이를 하던 여성, 해고를 당해보는 것이 소원인 취업 준비생, 뉴스에 한 줄도 나오지 않는 3차 하청 노동자, 근로기준법 23조 해고의 제한 규정에 해당되지 않아 구두나 문자로 해고되는 5인 미만 사업장 노동자, 정당한 계약종료로 여겨지는 기간제 노동자, 외국인 혐오 속에서 불법 인간으로 살아가는 이주 노동자의 이야기는 담을 수 없다. 이들의 노동은 회사에서도 가정에서도 보조 소득인 '용돈 벌이'로 평가절하 된다. 고용 정책에서조차 이들에 대한 대책은 전무하다.

비정규직 문제 역시 사내 하청 노동자들의 '비정규직 철폐'라는 구호로 집약되는 정규직화 문제로 초점이 맞추어져 있다. 정규직 노동자들과 같은 공간에서 같은 일을 하는데, 고용이 불안하고 임금과 처우에서 차이가 나는 것은 당연히 개선해야 할 문제다. 이들은 같은 공장 안에 모여 있고, 정규직 노동자들을 대면하면서 차별을 매일같이 느끼기 때문에 알바노동자들에 비해 분노를 조직하기가 쉽다. 조직된 사람들이 먼저 투쟁을 시작하는 것은 자연스럽다. 그러나 '조직되지 않은 비정규직 노동자들'(알바노동자들)에 대한 대책이 없다면, 대기업 사내 하청 비정규직 노조조차 특권으로 생각하는 현상을 막기 힘들다.

2005년 겨울, 울산의 3차 하청 공장에서 일한 적이 있다. 현대자동차 부품을 포장해 컨테이너만한 박스에 차곡차곡 쌓는 일이었다. 일하면서 동료들은 종종 이런 이야기를 했다.

"현대자동차 정규직 들어가려면 2,000만 원 정도 있어야 해."

잠깐 내 귀를 의심했지만 동료들은 진지했다. 그 공장의 임금은 당시 시간당 최저임금 2,840원이었다. 현대자동차의 물량 주문이 많으면 잔업을 해야 했고, 주문이 없으면 최저임금으로 월급을 받아야 했다. 주문이 없을 때 월급은 70만 원도 안 됐다. 물량이 한창일 때 "일요일은 원래 쉬는 날 아니냐"라며 특근을 안 하려고 했다가, 모든 라인이 멈추고 조장들이 공장장한테 불려가서 훈계를 들었다. 잔업과 특근이 있으면 힘들어 죽겠고, 없으면 생활비가 모자라 죽을 것 같았다. 조금 마음에 안 들면 그만두고 비슷한 조건의 다른 공장으로 옮겨가는 경우가 많았다. 대부분 젊은 노동자들이었다. 이들에게 대기업 정규직 노동자는 뇌물을 주어야만 얻을 수 있을까 말까 한 닿을 수 없는 꿈이었다.

마지막으로 청년 실업 문제가 있다. 기존의 청년 실업 담론에서 취직을 못하는 청년은 도대체 누구일까? 4년제 대학을 졸업한 남성이다. '대학을 나와도 취직하지 못하는 현실'에서의 대학은 저 정도면 응당 취직이 되어야 하는 수준의 서울과 수도권 상위 대학을 가리킨다. '청년 실업 심각'이라는 주제의 뉴스에 나오는 주인공 역시 토익 900점 이상에 어학연수를 다녀왔는데도 취직하지 못하는 사람이다. 그렇지 않은 사람이 나온다면 어떤 일이 벌어질까? 10대 때 노력을 안 해서 안 좋은 대학을 갔으니 취직이 안 되는 건 당연하다, 공짜로 취업을 바란다 따위의 혐오 발언을 들어야 할 것이다. 눈높이를 낮추라고 하지만, 애초부터 높은 눈을 가진 사람은 소수다. 지방 사립 대학 학생들은 이 '자격'을 얻기 위해 엄청나게 노력하지만 현실의 벽은 만만치 않다.

청년 실업의 해결책 역시 대기업이 제공하는 안정적인 일자리를 찾는 데 맞춰져 있다. 그런데 안정적인 일자리를 찾기 위해서는 막대한 시간과 노력이 필요하다. 4년제 대학을 우수한 성적으로 졸업해야 하고, 각종 자격증을 따야 하며, 인문학 책과 신문을 읽으며 교양을 쌓고, 자기소개서를 잘 쓰는 능력까지 갖추어야 한다. 이 비용이 얼마일지, 시간이 얼마나 걸릴지 알 수 없다. 그래서 엉뚱한 이야기들이 나왔는데, 중동이나 중소기업으로 가라는 것이다. '왜 괜히 막대한 비용을 들여서 취업을 준비하고 대기업만 가려고 하느냐'라는 질책이다. 진보적인 해결책 역시 청년고용할당제처럼 300인 이상 기업에게 청년 고용을 의무화하는 것에 초점이 맞춰져 있다. 그러나 저런 기업에 갈 수 있는 청년들은 일부에 지나지 않는다.

우리는 또 다른 노동시장을 알고 있다. 고등학교 졸업하고 바로 공장에 취직하는 노동자들이다. 삼성반도체를 생산하는 노동자들은 대부분 특성화고등학교에서 공부를 잘한 이들이다. 대학 진학률 80% 시대의 나머지 20%를 담당하는 예외적인 노동력이다. 이들은 최저임금을 받고 백혈병을 유발하는 공장에서 일한다. 그러나 사람들은 이것을 청년 문제로 결코 부르지 않는다. 우리가 말하는 청년에 누군가는 빠져 있다.

한편, 3포 세대라는 말에는 여성이 지워진다. 결혼, 출산, 연애에서 실패한 주인공은 남성이다. 경제적 이유로 정상적인 가부장이 되지 못하는 찌질한 남성에 대한 연민이 바로 3포 세대 담론이다. 경제적 문제의 대부분은 내 집 마련과 안정된 직장이라는 전통적인 가장의 역할이다. 여성은 패배자의 대표로서도 출연하지 못한다. 이때 소위 청년이 포기했다고 하는 것은 청년 남성의 경제적 실패로 획득하지 못하는 트로피로서의 여성이다.

정치인, 행정가, 언론, 오피니언 리더, 기존의 노동운동이 주목했던 노동 담론 속에 존재하지 못하는 사람들이 있다. 탁상공론의 탁상 위에도 오르지 못하는 이들이다. 이들의 문제에 제대로 접근하기 위해서 우리의 시나리오에 새로운 주인공을 등장시킬 필요가 있다.

누가 알바노동을 하는가

알바노동자는 누구인가?

우선, 우리가 흔히 알고 있는 '알바생'을 들 수 있다. 바로 미취업 청년들이다. 2017년 2월 1일 〈동아일보〉에 "취직도 안 되는데…청년 체불임금 1,400억"[2]이라는 기사가 실렸다. 이 기사 제목을 보고 흥미로운 생각이 먼저 들었다. 취직이 안 돼서 월급도 못 받는 사람들에게 어떻게 체불할 임금이 있지? 이들은 취직한 게 아니었단 말인가? '청년 세대 과도기 노동'이라는 표현도 종종 보인다. 모두 알바노동을 젊을 때 잠깐 하는 일이라고 보는 것이다. 대표적으로 '알바생'이라는 단어는 원래 직업은 학생이지 노동자가 아니라는 호소가 담긴 말이다. 학생이니까 아직 배울 게 많고 노동법 적용이 안 될 것 같은 묘한 느낌을 풍긴다. 교육생, 실습생, 인턴 등 이런 단어들은 너무 많아서 전부 나열하기도 힘들다.

물론, 아르바이트 노동을 하는 청년층 대다수가 좀 더 멋진 직장을 꿈꾸고 있음을 부정할 생각은 없다. 그런데 바로 여기에 이 사태의 심각성이 있다. 대기업 정규직 노동시장에 들어가기 위한 비용을 청년들이 대기업의 값싼 알바노동자로 일하면서 마련하고 있기 때문이다. 기업은 영어도 할 줄 알고, 컴퓨터도 잘하고, 열정까지 갖춘 노동력을 무일푼으로 얻는다. 물론 이 과정에서 외국어 학습 관련 기업들이 막대한 돈을 벌어들인다. 당연히 최저임금으로는 이 비용을 모두 감당하기 힘들다. 세 가지 선택을 할 수밖에 없는데, 은행 빚을 지거나 부모로부터 부양 받기, 아니면 최저임금을 받는 노동시장에 진입하는 것이다.

은행 빚을 지게 되면 그때부터 인생은 은행의 이자 수익을 마련하기 위한 삶이 된다. 한 달 노동해서 얻은 수입 혹은 10년 뒤 내가 얻을 수 있는 수익은 모두 은행의 이윤이 된다. 은행 역시 노동자가 열심히 일해서 돈을 갚을 것이라는 믿음으로 대출을 해준다. 지금도 내 휴대 전화와 전자메일에는 학자금 대출을 갚으라는 은행의 친절한 안내가 계속된다. 은행이라는 전당포에 내 미래를 맡겨놓고, 언젠가는 꼭 찾으러 올 테니 남에게 팔지 말고 기다리라고 한 꼴이다.

부모 돈이라고 속편하게 받을 수 없다. 부모의 삶 역시 넉넉하지 않기 때문이다. 한때 자식에 대한 투자가 부모의 노후 상품일 때도 있었다. 소를 팔아서 자식을 대학에 보냈더니 아파트 열쇠로 바꿔 들고 오는 꽤 괜찮은 교환이었다. 하지만 지금은 손주에게 그 아파트 열쇠를 주지 못하면 손주가 고시원에서 살아야 하는 시대가 됐다. 자식은 이제 더 이상 투자 상품이 아니다. 이러한 경제적 변화를 사회학자 우에노 치즈코는 《여성 혐오를 혐오한다》에서 '딸 바보' 현상으로 설명한다. 과거에는 아들이 훨씬 많은 경제적 가치를 창출하는 좋은 투자 상품이었다. 하지만 찌질한 청년 백수가 된 지금은 그 가치가 떨어졌다.

자식 키우는 재미 즉 자식을 소비재로 본다면, 소통과 정서 측면에서 딸이 훨씬 가치가 있다는 것이다. 어쨌든 이런 상황에서 고생한 부모를 위해 번듯한 직장을 가지지 않고 자기 욕구와 욕망을 드러낸다면 불효자가 되기 십상이다.

하지만 이렇게라도 지원을 받는 게 나을지도 모른다. 부모나 은행으로부터 빚을 지지 못한다면 자기 몸에 빚을 질 수밖에 없다. 꿈을 실현하기 위해 낮에는 공부를 하고, 밤이나 주말에는 알바를 하는 것이다. 주로 영화감독과 배우, 작가를 꿈꾸는 예술가들이 이런 삶을 선택한다. 이것은 오로지 자신의 젊음에 빚을 지는 삶, 곧 자신의 건강을 희생하는 삶이다.

내가 만난 서울 수도권의 명문대를 졸업한 K는 항상 작가를 꿈꿔왔다. 공무원 시험은 적성에 맞지 않아 포기하고 논술 수업을 하다가 지쳐 나가떨어졌다. 지금은 편의점에서 주말 야간 알바를 하며 주중에는 글을 쓴다. 주말 야간 알바에 대해 그는 이렇게 설명한다.

"글 쓰고 하고 싶은 일을 병행할 수 있다는 점에서 적정한 수준인 것 같아요. 하지만 주 이틀 밤을 새는 게 쉽지만은 않습니다. 낮에 사람을 만나는 주중과 밤에 일하는 주말의 생체 리듬이 완전히 뒤바뀌기 때문에 건강이나 효율성 면에서도 별로 좋지 않은 것 같습니다."

그가 일하는 편의점의 경우 야근수당과 휴일수당(5인 미만 사업장에서는 지급하지 않아도 합법이다), 주휴수당(5인 미만 사업장이라도 15시간 이상 일하면 줘야 한다. 즉 편의점에서 주휴수당을 안 주면 불법이다)이 나오지 않기 때문에 생계비에 한참 못 미친다.

아직도 "젊어서 고생은 사서도 한다"라고 이야기하는 사람들이 있다. 하지만 이 말은 고생 끝에 낙이 온다는 희망의 시대, 오늘보다 내일 나은 삶이 보장된 시대, 한국의 GDP가 10%씩 성장하던 시절에나 가능하다. 지금은 젊어서 한 고생이 대가로 돌아오지 않는다. 알바나 인턴 경험이 많을수록 능력을 의심 받는다고 하지 않는가.

두 번째로 알바노동자에는 해고 노동자, 월급만으로는 살 수 없는 직장인, 회사에 사표를 던진 중년 노동자가 있다. 100세 시대가 되면서 임금노동만으로 생계에 필요한 소득을 전부 확보할 수 없게 되었다. 정규 교육과정과 취업 준비 기간을 거쳐 좋은 직장을 얻는다 하더라도 50대까지 약 20~30년 직장에서 일할 수 있을 뿐이다. 60세 이후 40년 동안의 소득은 전무하다. 넉넉잡아 30세부터 60세까지 일한다 하더라도 나머지 70년은 아무런 소득 없이 생존해야 한다. 앞 30년은 부모, 뒤 40년은 자식으로부터 부양을 받아야 하는데, 30~60세일 때 안정적인 일자리와 소득을 잃는다면 가족 공동체도 무너진다. 이게 그 무시무시한 해고다.

해고 노동자는 두 가지 선택을 할 수 있다. 퇴직금을 종잣돈 삼아 창업을 하든가, 나이에 차별을 두지 않는 알바를 하든가. 대부분이 선택하는 창업은 너무 위험하다. 한국에는 약 500만 명의 자영업자가 있다. 경제 활동 인구가 2,500만 명이라고 한다면, 5명 중 1명이 자영업자다. 그만큼 수익 구조도 낮다. 그럼에도 창업을 멈추지 않는 이유는 기존 노동 환경이 너무 안 좋기 때문이다. 생계비에도 못 미치는 최저임금, 인격적인 모욕, 권위적인 직장 문화는 망하더라도 노동자로 살고 싶지 않게 만든다. 이들의 창업도 대기업 입장에서는 손해 볼 것 없는 장사다. GS건설에서 퇴직한 노동자가 퇴직금으로 GS25를 창업한다면, 퇴직금을 회수하고 매달 매출액의 35%를 꼬박꼬박 가져다주는 일꾼을 구한 셈이 된다.

한편, 직장은 있지만 도저히 생계비를 맞출 수 없는 사람들이 알바 노동시장에 뛰어든다. 낮에는 회사에 다니다가 밤에는 패스트푸드 배달 알바를 하거나 대리운전을 한다. 저임금을 조건으로 퇴근 후의 시간을 다른 회사가 이용하는 셈이다. 요즘은 퇴직 노동자들의 진출도 눈에 띈다. 내가 만난 60대 K는 젊은 시절에 신문사에서 활자 넣는 조판 작업을 했는데 시대의 변화와 함께 그의 기술도 쓸모없게 됐다. 인공지능 시대와 함께 앞으로 이런 운명을 맞이할 사람들이 많아질 것이다.

세 번째로 주부들이 있다. 여성 노동자들의 연령에 따른 취업률을 나타내는 M자형 그래프를 보면 30~50대 사이가 움푹 들어가 있다. 이 싱크홀처럼 움푹 들어간 20년의 세월은 자식이 성인이 될 때까지의 시간과 일치한다. 이들은 회사에 다니는 남성 노동자가 체력을 회복해서 더 열심히 일할 수 있도록 과일을 깎고, 밥을 짓고, 설거지를 한다. 게다가 아기를 임신, 출산, 양육함으로써 새로운 노동자를 길러 낸다. 하지만 이러한 노동은 전혀 인정받지 못한다. 알바 노동시장은 이들에게 육아를 하면서도 임금을 받고 일할 수 있는 기회를 제공한다. 아이를 유치원이나 초등학교에 보낸 뒤부터 아이가 돌아오기 전까지 하루 6~7시간 일할 수 있는 직장을 찾기는 쉽지 않다. 역설적으로 청년 백수, 중년 노동자, 할아버지, 여성을 아무런 차별 없이 고용하는 곳이 알바 노동시장이다.

산업예비군?

기존 노동 담론에서는 위에서 언급한 이들을 흔히 산업예비군이라고 부른다. 취업한 것으로 보지 않는 노동자들이다. 실업 기간이 취업 기간보다 길고, 취업의 시기가 예외적이며, 스스로도 본업이라고 생각하지 않는 사람들의 비율이 높은 노동시장이다. 그런데 얼마 전부터 대기업이 나서서 이들을 의식적으로 활용하기 시작했다. 취업을 준비하는 예비 노동자, 해고 노동자, 재취업을 준비하는 주부들이 대기업의 서비스 사업을 돌리는 저렴한 연료로 활용되고 있다. 기업은 자기 회사 입사를 꿈꾸는 청년들과 자신들이 쫓아낸 해고 노동자,

퇴직자 들을 비정규직보다 값싸게 쓸 수 있다.

물론 과거에도 3차 하청 노동자, 이주 노동자, 여성 노동자 등 정규직, 비정규직으로 구분할 수 없는 다양한 층위의 노동자들이 존재했다. 변화라면 대기업들이 이들을 상대로 조직적인 노무 관리를 시작했다는 점이다. 택배 상하차 알바노동자들은 대한통운이나 CJ택배가 아니라 파견 업체 소속으로 일한다. 또한 인터넷에서 편의점 CU 알바 채용 공고를 보고 지원하면 아웃소싱 대표 기업이 나온다. 흔히 간접 고용이라고 불리는 파견 업체 시스템이 알바 노동시장에까지 진출한 것이다. 매우 싼값으로 알바노동자들을 사용하면서도, 대기업이 직접 책임을 지기 싫어서 파견 업체와 가맹 시스템을 활용하기 시작했다. 또한 이후에 좀 더 자세히 살펴보겠지만, 카페는 주휴수당을 주지 않기 위해 14.5시간의 근로 계약을 맺고, 영화관은 퇴직금을 주지 않기 위해 10개월 계약을 맺는다. 노동법에 대한 지식과 일사불란한 시스템이 없으면 불가능한 일이다.

특수고용노동자라고 불리는 알바 사장도 등장했다. 맥도날드, 피자헛, 버거킹 등 패스트푸드 업체들은 부릉(VROONG)이라는 배달 대행업체를 이용하기 시작했다. 이들 대행업체와 계약한 배달 노동자들은 근로기준법의 보호를 받는 근로자가 아니며 근로계약서도 쓰지 않는다. 대신 용역계약서를 쓰고 사장 신분을 유지한다. 이 특수고용노동자의 노동자성을 인정받기 위한 싸움을 지난 10년 동안 했는데,

알바 노동시장에서도 다시 이야기해야 하는 시대가 되었다.

기존의 언어와 관념으로는 새롭게 등장한 알바노동자들의 특징을 설명할 수 없는 어려움이 있다. 정규직은 기간의 정함이 없는 노동자를 뜻한다. 그 반대말인 비정규직으로는 다종다양한 알바노동을 설명하기 힘들다. 초단시간 노동자나 파트타임 노동자라는 말로도 설명이 안 된다. 충분한 소득을 벌기 위해 주 5일, 주 6일 이상 일하는 알바노동자들이 있기 때문이다. '기간의 정함이 있는 기간제 노동자'로도 설명에 한계가 있다. 1개월, 3개월 혹은 1년 단위로 수 년 또는 수십 년 동안 알바노동자로 사는 사람들이 존재한다.

알바노동자를 협소하게 정의하는 것도 개념을 명확히 하기 위해 선택할 수 있는 방법이기는 하다. 노동법의 전면적 적용을 받지 못하는 주 15시간 미만의 초단시간 노동자, 5인 미만 사업장의 노동자 등으로 잡는다면 훨씬 명확한 표본을 얻을 수도 있다. 그러나 이런 정의는 광의의 알바노동자의 삶을 삭제할 수 있는 위험이 있다. 주 40시간 이상 일하고 근로계약서를 완벽하게 쓰더라도 사회적으로는 "알바나 하냐"라는 비아냥을 견뎌야 하거나, 근로기준법의 적용을 받아서 연차와 퇴직금을 받아야 하지만, 그것을 말하기조차 힘든 노동자들을 설명할 방법이 없다. 우리가 흔히 보는 스타벅스의 모든 알바노동자는 정규직이다.

이렇게 다양한 성격을 지닌 알바들의 노동시장을 나는 제1노동시장인 정규직, 제2노동시장인 비정규직과 구분해서 '제3노동시장'이라 부르고 싶다. 산업예비군이라는 말로는 도저히 이 노동시장을 설명할 수가 없다. 제3노동시장의 특징은 그 시장을 유지하고 재생산하는 비용이 정규직이나 비정규직과 달리 알바노동자의 임금에서 나오지 않는다는 데 있다. 앞에서 살펴보았듯이 부모의 임금, 은행 빚, 불안정한 노동시장, 해고 그리고 여성의 출산과 양육으로부터 나온다. 정부가 가임기 여성 분포도를 제작·배포한 까닭도 이 풍부한 노동시장이 사라질까 두렵기 때문이다.

화려한 문명을 상징하는 프랜차이즈 산업을 돌리는 일꾼. 노동과 취업 준비를 동시에 해야 하는 취업 준비생. 정리 해고자와 퇴직자, 백수의 또 다른 이름. 노동시장 최하위에 위치한 저임금 노동자. '88만 원 세대' 이후 10년, 노동의 유연화와 청년 실업, 고용 없는 성장의 결과는 알바노동자의 탄생이다. 만약 새롭게 등장한 이 노동시장의 주인공들을 '알바생'이나 '과도기 노동을 하는 청년 세대'로 적당히 퉁치면서 넘어간다면, 2027년에는 차라리 비정규직이 부러운 세상을 맞이할지도 모른다. IMF 10년 뒤인 2007년에 비정규직과 '88만 원 세대'의 시대를 만난 것처럼.

현재의 '알바'가 자조 섞인 목소리로 자신의 존재를 설명하거나, 사회가 불쌍한 청년의 아이콘으로 쓰는 이름이라는 점은 확실하다. 그러나 세상은 조금씩 변하고 있다. 부조리한 사건은 매일같이 일어난다. 부조리는 목소리 내기를 통해 그 모습이 드러난다. 앞으로 이 목소리를 내는 주체가 알바노동자가 될 것이다.

마지막으로 이 장에서는 주요하게 다루지 않은 사람들이 있다. 자발적으로 시간제 노동을 선택한 사람들이다. 일만 하는 삶에서 벗어나 여유와 삶의 가치를 추구하는 이들을 능동적 알바노동자라고 부르고 싶다. 이 책의 후반부에서 이들을 만나게 될 것이다. 능동적 알바노동자가 새로운 사회의 주인공이 될지도 모른다.

2

알바계의 삼성,
맥도날드

빵을 랩지 위에 올려놓는 데까지 25초가 걸려야 한다. 처음에 우왕좌왕 빵을 고르고 넣고

랩지를 뒤적거리다가 한 80초가 걸렸다.

트레이너가 모니터 위에 큼지막하게 써 있는 25초 표시판을 가리키며 '목표는 25초라고.

25초 안에 할 수 있도록 빨리빨리 해야 해'라고 말했다.

"**맥도날드는 알바계의** 삼성이라는 말을 많이

합니다. 최저임금 6,030원(2016년)을 꼬박꼬박 챙겨주고, 주휴수당 챙겨주고,

휴업수당 챙겨주고, 휴일수당 챙겨준다고 알바계의 삼성이라 합니다."(K, 맥

도날드 알바노동자)

2016년 겨울, 새삼스럽게 알바노동자들의 임금 체불 문제가 사회

문제로 떠올랐다. 대형 사고를 친 곳은 이랜드파크. '임금 꺾기'라는

신조어를 만들어내며 박근혜, 최순실 다음으로 유명해졌다. 임금 꺾

기는 15분 단위로 임금을 계산하는 방식으로, 8분 일하면 15분이 아

니라 0분 일한 것으로 계산한다. 29분 일하면 15분 일한 것이 되고,

40분 일하면 30분 일한 것이 된다. 이랜드파크 뿐만 아니라 여러 기

업에서 관행적으로 임금 꺾기를 해왔다. 그러다 이슈가 되자 몇몇 기

업은 임금 꺾기 관행을 바꾸기 시작했다. 롯데리아는 전수조사에 들어갔다. 한번 터지면 SNS 등에 회자되면서 불매운동으로 이어지고 기업 이미지에 타격을 주기 때문이었다.

2000년대에 비정규직이 사회 이슈가 되었듯이 지금은 알바노동이 사회의 주요 이슈로 떠올랐다. 한국 노동시장의 가장 밑바닥에 있는 알바노동자들이 주목받는다는 것은 본인을 비롯해 주변에 알바를 하는 사람들이 많다는 증거다. 비정규직의 불안정한 노동 조건이 알바노동으로 확대되고 있는 셈이다. 그런데 이런 열악한 상황에서 단연 돋보이는 곳이 있다. 바로 알바계의 삼성이라고 불리는 맥도날드다.

맥도날드는 미국식 천민자본주의의 상징이자 미 제국주의의 상징으로 취급받아왔다. 항공모함, 드론, 사드 등이 미국의 군사력을 대표한다면 맥도날드는 문화적 침략을 대표한다. 유럽에서는 반자본주의 시위대들이 맥도날드를 상징적으로 점거하기도 한다. 문화 비평가나 좌파에게는 익숙한 이런 관념들이 한국의 알바노동자에게는 조금은 배부른 이야기로 들릴 것 같다. 최소한 맥도날드에서는 최저임금과 주휴수당을 둘러싼 분쟁이 일어나지 않기 때문이다. 임금도 내가 딱 일한 만큼, 1분 단위의 시간급제로 계산하기 때문에 정당하게 받을 수 있다(임금을 1분 단위로 지급하는 것이 좋은 일인지는 모르겠다. 임금은 생계비이기 때문에 주급 또는 한 달 단위로 계산하는 게 안정적이다. 하지만 한국에서는 위낙 임금이 제대로 지급되지 않으니 1분 단위의 임금 계산이 진보적으로 보인다). 게다가 4대 보험에 퇴직금까지 챙겨준다. 맥도날드는 근로기준법 위반이 판을 치는 한국의 알바 노동시장에서 그래도 임금 체불은 없다는 상징과 브랜드 가치를 얻었다. 그러나 우리가 놓치지 말아야 할 이야기가 있다.

"주말은 맥도날드가 장사가 가장 잘 되는 날인데요. 정말 주말에 출근하면 쉴 틈이 없습니다."

맥도날드 알바노동자 K의 말이다. 실제로 평일에는 런치타임, 주말과 휴일에는 아침부터 밤까지 쉴 틈 없이 주문이 밀려든다. 맥도날드 본사가 햄버거 값을 할인하거나 무료로 감자튀김이라도 나누어주는 날에는 정말 정신이 없다. 삼성은 어마어마한 연봉을 주지만 직원들을 그만큼 소진시키는 것으로 유명하다. "그래도 연봉을 많이 받으니까"라며 자위하지만 만만치 않음에는 틀림없다. 반면 맥도날드는 최저임금에 높은 노동 강도를 자랑한다. '맥노예'라는 말까지 나온다. 맥알바(맥도날드 알바) 역시 "그래도 최저는 지키니까"라며 자조한다. 삼성맨과 맥알바가 자기 위안을 느끼는 논리는 비슷하지만, 위로의 내용인 임금은 엄청나게 다르다.

맥도날드의 표준 매뉴얼 SOC

맥도날드는 '맥도날드화'라고 불리는 현대 프랜차이즈 산업의 상징이다. 사회학자 조지 리처는 《맥도날드 그리고 맥도날드화(The McDonaldization of Society)》에서 효율성, 예측가능성, 계산가능성, 통제가능성이라는 4가지 합리성 원칙을 '맥도날드화'라고 불렀다. 이것은 점점 거대화·독점화하고 있는 프랜차이즈 산업의 공통 규칙이다. 맥도날드 같은 프랜차이즈가 전 세계로 뻗어나가기 위해서는 이러한 규칙이 필요하다.

'맥도날드는 전 세계 약 120개 국에 36,000여 개의 매장을 보유하고 있으며 하루 평균 7,000만 명의 고객이 방문하는 글로벌 1위 외식기업'이라고 스스로를 소개한다. 맥도날드에서 일하는 직원은 전 세계적으로 약 170만 명이다. 170만 명이 하루에 7,000만 명의 고객에게 비슷한 품질의 서비스를 제공하기 위해서는 똑같은 레시피가 필요하다. 170만 명 가운데 뛰어난 요리사나 기발하고 아름다운 드레싱을 할 수 있는 사람이 왜 없겠는가? 하지만 그 순간 프랜차이즈라고 부르기 힘들어진다. 프랜차이즈 식당을 선택하는 까닭은 대부분 '맛이 중간은 가니까' 혹은 '맛이 없지는 않으니까'라는 믿음 때문이다. "만약 내가 QSC&V(Quality, Service, Cleanliness and Value, 고객에게 최고 품질의 청결한 음식과 친절한 서비스를 제공하고자 하는 맥도날드의 기업 정신)를 언급할 때마다 벽돌을 한 개씩 쌓아 다리를 만들었다면, 대서양도 가로지를 수 있었을 것입니다." 맥도날드 CEO 레이 크록이 한 말이다. 실제로 맥도날드는 대서양뿐 아니라 태평양과 인도양을 거쳐 지구 한 바퀴를 돌았다. 이러한 CEO의 확신과, 손님의 '중간은 간다'라는 믿음을 충족시키기 위해서 알바노동자들은 언뜻 보면 시시콜콜하고 치사해보이기까지 한 업무 매뉴얼을 지켜야 한다.

최근에 맥도날드에서 출시한 '1955버거'에는 케첩 10g, 양상추 15g을 넣으라는 매뉴얼이 있다. 해시브라운은 최대 8개까지 보관할 수 있다. 20초 동안 손을 미지근한 물에 문지르고 종이 수건으로 닦은 뒤 완전하게 말려야 한다는 위생 규정도 있다. 감자튀김의 소금 뿌리기도 규정이 있다. 20cm 위에서 소금 4g을 직사해야 한다. 이것을 SOC라고 부르는데, 'Station Observation Checklist'의 줄임말이다. 즉 매장에서 지켜야 할 항목들이다. 이 규칙만 따른다면 어떤 노동자도 비슷한 품질의 상품을 만들어낼 수 있다. 그 결과 알바노동자가 하는 일은 언제든지 대체 가능한 쉬운 일이라는 편견이 만들어졌다. 하지만 이 SOC를 만들기 위해 겪은 수많은 시행착오는 결국 노동자들의 몫이었다. 흔히들 노하우라고 부르는, 일을 하면서 얻은 각종 아이디어와 혁신 들을 모아서 만든 결과물이 바로 SOC다.

그러나 이러한 규칙들은 새로운 혁신을 만들어내는 데 오히려 방해물로 작용하기도 한다. 가령 소금 뿌리는 위치를 15cm로 바꾼다거나 매뉴얼과 다른 방식으로 햄버거를 만드는 열정과 도전은 전체 시스템의 입장에서 보면 불확실하고 도발적인 행위다. 매뉴얼대로 움직여야 할 부품이 툭 튀어나온 꼴이다. 열정과 혁신은 오히려 매장에서는 방해물이다. 표준화된 일만 하는 노동자가 최고의 일꾼이다.

이렇게 세세한 SOC는 엄청난 노동 강도를 만들어낸다.

"빵을 랩지 위에 올려놓는 데까지 25초가 걸려야 한다. 처음에 우왕좌왕 빵을 고르고 넣고 랩지를 뒤적거리다가 한 80초가 걸렸다. 트레이너가 모니터 위에 큼지막하게 써 있는 25초 표시판을 가리키며 '목표는 25초라고. 25초 안에 할 수 있도록 빨리빨리 해야 해'라고 말했다."

맥도날드 알바노동자 K의 말이다. SOC에는 고객이 햄버거를 주문해서 수령할 때까지 걸리는 시간은 1분 20초(순수하게 햄버거를 만드는 시간은 45초), 배달 시간은 17분 30초라는 내용도 있다. 이런 시간 규정이 노동 강도를 높이고 사고를 부른다.

맥도날드는 이에 대해 SOC는 반드시 지켜야 하는 것이 아니고 가이드라인 정도라고 해명한다. 실제로 알바노동자가 SOC를 지키지 않아서 받는 불이익은 없다. 하지만 다른 방식의 통제가 존재한다. K의 말이다.

"주문을 확인하고 빵을 구워서 랩지에 올려놓은 후에 주문을 지우는데(범프라 한다), 범프를 날리기까지 시간이 기록되며 평균 시간 또한 기록된다. '범프 빨리 빨리 안 눌러? 매니저 모가지가 달린 문제야!' 우리가 빨리 일을 해서 시간을 단축하지 않으면 매니저에게 책임이 돌아간다."

맥도날드 매장에서 일하는 노동자들의 직급은 크게 네 가지로 나뉜다. 일반적으로 크루(CREW)라고 불리는 알바, 그리고 그 위에 트레이너, 그 다음에 매니저, 마지막으로 점장이 있다. 트레이너까지가 시급제로 일하는 직원이며, 매니저 중에서도 가장 지위가 낮은 스윙(SWING) 매니저는 시급제로 일한다(2018년부터 트레이너와 스윙 매니저는 팀 리더로, 매니저는 부점장으로 통합됐다. 크루와 팀 리더의 시급은 20원 정도 차이 난다). 알바노동자라도 만약 2년 이상 일했다면 무기 계약(계약 종료일을 2999년이라 적는 경우가 종종 있다)을 맺는다. 트레이너와 매니저가 되려면 이 SOC 시험을 봐야 한다. SOC 교재에는 다음과 같은 재밌는 문제들이 있다.

- 쓰레기통은 언제 비우는가? (눌렀을 때 3/4(1/2 찼을 때 쓰레기통 누르는 건 아시져?^^))
- 콘의 높이와 무게를 합친 수는? (높이 3인치, 무게 3온스, 합친 수=6)
- No Call No Show의 뜻은? (연락 안 하고 출근 안 하는 사람)[3]

이 시험을 통과해서 트레이너가 되면 시급이 50원 오른다. 스윙 매니저가 되면 500원 정도 오른다. 트레이너와 매니저는 이 SOC를 외우고 있다. 이들은 SOC 습득 정도를 통해 높은 직급의 자리를 부여받는다. 이 관리자들은 크루의 옵서버이자 SOC의 담지자, 살아 있는 SOC이다. SOC를 내면화한 매니저들은 자기 감시와 통제를 통해, 매니저 주변에서 정신없이 일하는 크루들은 매니저를 의식하며 자발적으로 SOC 목표를 달성하려고 노력한다.

"SOC를 지키느냐 안 지키느냐를 놓고 직접적으로 매니저에 대해 점수를 매기거나 하지는 않지만, '매니저가 절차를 준수 안 하면 크루들이 과연 준수하겠느냐, 윗물이 맑아야 아랫물이 맑다'라는 분위기가 있어요. 이 시스템 내에서 내가 불이익을 당하지 않으려면 이 시스템을 잘 지켜야 한다고 스스로를 규율하는 측면이 있습니다. 어찌 보면 군대 같은 것이네요."

맥도날드 매니저 박준규의 말이다.

폭언과 폭행이 횡행하던 과거의 낡은 채찍이 아니라, 서로를 독려하는 달콤한 말과 미소야말로 노동자들을 열심히 일하게 만드는 고급 채찍이다. 요컨대 SOC는 제품의 품질과 노동자의 서비스, 위생, 가치를 보장함과 동시에 어떤 나라, 어떤 인종, 어떤 연령대 사람도 비슷한 품질의 노동력을 보장하는 체크리스트다. 이것의 최종 목표는 최저임금 받는 로봇일지도 모른다.

2016년 5월 25일 맥도날드의 전 CEO 에드 렌시가 "프렌치프라

이를 포장하는 비효율적인 일을 하는 직원에게 시급 15달러를 주느니 35,000달러 로봇 팔을 사는 게 싸다"라고 말했다. 미국 패스트푸드 노동자들이 시간당 15달러를 요구하며 맥도날드 주주총회장에서 한 시위를 두고 한 말이다. 나 역시 이 자리에 함께했다. 여기에 어느 정도의 진실이 있다. 만약 노동자들이 15달러를 요구하지 않았다면 맥도날드는 값싼 인간 로봇을 계속해서 보유할 수 있었을 것이다. 언젠가는 낡아버리는 기계보다, 싸다면 살아있고 언제든지 새로운 것을 배우는 인간이 더 나은 기계일 수 있다. 물론 입은 다물어야 한다.

자유로운 시간의 역설 – 과로

"자유로운 시간 선택이 가장 큰 장점이에요. 일주일마다 넣을 수 있어서 좋았어요. 연습은 낮에 하고 공연은 밤에 하니까 저는 고정적인 알바를 할 수 없어요."

맥도날드 알바노동자 J의 말이다. 맥도날드에서 일하는 많은 알바노동자들이 장점으로 꼽는 것 가운데 하나가 바로 시간을 자유롭게 쓸 수 있다는 점이다. J의 경우 원래 하고 싶은 일은 연극이었다. 그런데 스케줄이 워낙 불안정했다. 공연일과 연습 시간이 유동적이었다. 주말을 고정적으로 뺄 수 있다면 편의점 알바를 선택했겠지만, 주말 공연이 언제 잡힐지 알 수 없었다. 그래서 그때그때 스케줄을 조정할 수 있는 맥도날드를 택했다. 그는 맥도날드 알바노동으로 생활에 필요한 돈을 벌고, 출근하지 않는 날이나 퇴근 직후에 연극을 준비하러 간다.

"알바 첫날 교육 배우고 5시간씩 일했는데 그 이후로는 8시간씩 일해요. 요새는 17~25시, 19~25시 고정이었는데, 지금은 오전에 일하기도 하고 그때그때 달라요. 학기 중에는 주 3일, 방학과 휴학하고 나서는 주 5일 해요."

롯데리아에서 일하는 A도 방학에는 주 5일, 학기 중에는 주 3일 파트타임으로 일할 수 있는 것이 가장 큰 매력이라고 밝혔다. 대학교의 방학이 3개월, 학기가 3개월인 점을 고려하면 1년의 절반은 주 5일로, 나머지 절반은 주 3일 파트타임으로 일한다. 학기 중에는 시험 기간까지 끼어서 학업과 일을 동시에 하는 것이 힘이 부칠 때가 많다. 오히려 풀타임으로 일할 때가 마음이 편하다. 맥도날드에는 주부 사원도 많다. 아이를 등교시키고 출근했다가 아이가 하교하기 전에 퇴근할 수 있기 때문이다. 물론 결혼 여성에게 제공되는 일자리가 제한되어 있는 현실도 잊지 말아야겠다.

여기서 주목해야 하는 사실이 하나 있다. 남는 시간에 알바노동을 하는 것인지, 아니면 알바노동을 한 다음에 다른 노동을 하는 것인지 헷갈린다는 점이다. 맥도날드에는 퇴근이 있지만 파트타임 노동자의 삶에는 퇴근이 없다. 파트타임 노동자들은 짧게 노동하고 난 뒤 자유롭게 살아가는 것처럼 보이지만 진실은 그렇지 않다. 주부, 학생, 연극 지망생 스스로가 본업이라고 생각하는 노동에 더해서 임금을 벌기 위한 연장 근무가 바로 알바다. 파트타임 노동은 과로를 뜻한다.

하지만 과로를 통해서 얻는 것이 매우 적다. 아침 9시에 일어나 등교해서 5시에 학교를 마치고 파트타임으로 10시까지 알바를 한다면, 실제로 일한 시간은 13시간이 넘는다. 하지만 임금을 받을 수 있는 노동시간은 알바노동인 5시간뿐이다. 이렇게 되면 두 가지 다른 종류의 과로를 해야 한다. 생활비를 벌기 위해 더 오래 임금노동을 하든가, 아니면 자신의 노동력을 재생에 필요한 노동시간을 줄이는 것이다. 노동력의 재생산에 필요한 노동시간이란 무엇일까? 휴대전화처럼 인간의 몸도 건전지가 닳는다. 이때 충전이 필요하다. 배고픔을 없애기 위한 식사 시간, 일을 하면서 받은 스트레스를 없애기 위한 여가 시간이 필요하다. 그런데 시간이 없으니 이를 줄여버리는 것이다. 빨리 식사를 때울 수 있는 편의점 매출이 늘고, 오로지 잠만 자는 방이 늘어나는 까닭도 여기에 있다.

이런 삶에서 벗어나기 위해 많은 사람들은 자신의 인적 가치를 높이는 데 시간을 투자한다. 학원 수강, 자격증 따기, 워킹홀리데이 등의 추가 노동을 한다. 하지만 당장의 생활비 벌기와 자기계발, 이 두

마리 토끼를 모두 잡기는 힘들다. 최근 고려대학교에서는 성적 장학금을 없애고 소득에 따라 장학금을 지급하는 정책을 실시했는데, 혜택자의 성적이 오르는 일이 벌어지기도 했다. 그래서 알바를 할지 시험공부를 할지 많은 학생들이 고민한다.

맥도날드의 자유로운 시간의 첫 번째 역설은 자유로운 시간이 결국 임금 소득을 버는 데 사용된다는 점이다. 그것을 자유라고 말해야 할까, 노동시간을 연장한다고 해야 할까?

자유로운 시간의 역설 – 백수

내가 일하는 매장의 맥도날드 알바노동자는 약 70명이다(2017년 기준). 장사가 잘 돼서 많은 편에 속한다. 다들 깜짝 놀란다. 한 매장에서 그 정도의 직원을 거느리고 있다니! 당연히 매장에 70여 명이 한꺼번에 들어갈 수는 없다. 이 어마어마한 숫자는 일주일 내내 갈아 끼워지는 노동력이다. 7시에 열어서 24시에 문을 닫는 이 매장의 영업 시간은 하루 17시간. 금요일과 토요일, 토요일과 일요일 사이에는 새벽 1시까지 영업한다. 물론 영업 종료 뒤 청소와 정산하는 시간을 포함하면 더 된다. 영업 시간 기준으로 일주일이라면 121시간이다. 이 121시간을 70여 명이 나눠서 채운다. 누군가는 주 5일에 매일 5.5시간, 누군가는 주 2일에 매일 7.5시간을 일하면서 항상 10~15명 정도가 매장을 유지한다. 맥도날드가 항상 10여 명의 직원을 매장에 붙들어 두기 위해서는 7배에 가까운 70여 명이 필요하다. 이처럼 맥도날드의 자유로운 시간은 불안정한 백수들이 다수로 생산되는 현대의 노동시장에 빚지고 있다.

단적으로 주말 또는 시험 기간에 근무자를 구하는 일이 맥도날드 스케줄 매니저의 최대 고민거리다. 이때 구원자들이 있으니, 주말에도 아무런 약속이 없어서 그냥 일하는 게 나은 사람들이나 시험과 상관없는 사람들이다. 이런 어려움은 명절에 극도로 치닫는다. "너네만 집에 가냐! 나도 집에 가자!" 스케줄 매니저의 절규다. 이 매니저와 명절에도 매장을 돌리는 맥도날드에 공격의 화살을 돌리기는 아무래도 힘들다. 외쳐봐야 소용없는 메아리다. 맥도날드가 명절에도 매장을 돌린다는 의미는 '명절에 집 안 가도 되는 잉여들은 나와라'라는 노골적인 의사 표현이다. 즉 맥도날드에게는 가족 간 사이가 안 좋을수록 좋은 노동자인 것이다. 특히 요즘 가족들의 잔소리가 듣기 싫어서 고향에 가지 않는 이삼십 대가 부쩍 늘었다. 취업과 결혼에 실패했다면 가족들 얼굴 볼 자신도 없다. 이에 알바라는 대의명분을 내걸고 집에 있는 것이 더 낫다고 생각하는 사람들이다. 이렇게 맥도날드는 명절에도 상품을 만들 수 있는 잉여 노동력을 확보한다.

하지만 설날 아침에 고객이 '맥모닝'을 배달시켜 먹지 않으면 아무런 의미가 없지 않은가? 아직 햄버거를 제사상에 올릴 정도의 시대는 아니다. 그렇다면 누가 고객인가? 고향의 잔소리를 피한 사람들이거나 개별화된 사람들이다. 수능 공부를 위해 홀로 집에 남은 수험생, 직장은 있지만 고향에 내려가서 결혼하라는 잔소리를 듣고 싶지 않는 1인 가구, 가족이 없는 사람, 이주 노동자, 취업 준비 중인 청년이 주 고객이다. 그리고 제사 음식에 질려서 햄버거가 아니면 도저히 안 되는 손주들을 위한 할머니의 작은 배려가 있다.

사회가 개별화되고 단절될수록 맥도날드의 공급과 수요는 용이해진다. 맥도날드의 자유로운 시간은 전 사회적으로 보면 소위 '정상적'이라고 불리는 정규직, 4인 가족, 사회성을 가진 사람들을 전제하지 않는다. 오히려 정상성에서 벗어난 백수, 불안정 청년, 1인 가구, 혼밥족 등이 이 자유로운 시간을 가능하게 한다. 도덕적 판단은 논외로 하더라도, 우리가 비정상이라고 불리는 존재에 대한 가치 판단을 다시 해야 하는 것은 확실하다.

자유로운 시간의 역설 - 제로아우어

맥도날드의 자유로운 시간 이야기를 하면, 알바노동자가 정말로 일하고 싶은 시간을 선택할 수 있다고 생각하는 사람들이 있다. 하지만 최종 결정권은 어디까지나 스케줄 매니저에게 있다. 시간의 장점을 보고 들어온 노동자들에겐 가장 큰 권력자다. 맥도날드는 매주 일요일까지 2주 뒤의 스케줄 신청을 받는다. 이것을 토대로 스케줄 매니저가 최종 근무 스케줄을 짠다. 그래서 종종 매니저가 스케줄을 안 넣어주어 갈등이 벌어지기도 한다.

"지난해 12월, 일요일 근무를 해달라는 매니저의 요청에 김 씨는 '계약서상 일요일은 근무하지 않기로 했고 사정도 있어 일할 수 없다'고 하자, 매니저는 '그렇다면 다음 달 근무를 보장할 수 없다'고 응수했다. 결국 지난해 월평균 176시간, 월 114만 원 정도의 급여를 받으며 생계를 꾸려가던 김 씨의 스케줄은 1월 130시간(80만 4천 원), 2월 104시간(65만 8천 원)으로 급격하게 줄어들었다. 김 씨가 근무 시간을 늘려 달라고 요청하자 매니저는 맥도날드의 유연근무제를 이야기하면서 '원래 맥도날드는 스케줄이 정해진 것이 없어 보장해줄 수 없다'고 답했다."[4]

결국 김 씨는 퇴사를 선택할 수밖에 없었다. 중요한 것은 해고가 아니라는 점이다. 이런 식으로 맥도날드는 해고 없이 사람을 내보낼 수 있다. 근무 시간을 줄여서 생계비를 벌 수 없는 사람들이 자진 퇴사하게 만드는 것이다. 해외에서는 이것을 제로아우어(ZERO-Hour)라고 부른다. 노동자들이 최소한의 근무 시간 보장을 요구하며 싸움을 벌이자 뉴질랜드에서는 법으로 제로아우어 제도를 폐지했다.

물론 모든 비난을 매니저에게 돌릴 수는 없다. 수많은 사람들의 시간의 파편들이 매니저에게 쏟아진다. 파편화된 시간에는 각각의 삶이 묻어 있다. 누군가는 저녁 7시에 시작하는 학원에 가기 위해 6시에는 매장을 빠져나가야 한다. 장인어른을 목사로 둔 어느 크루는 일요일은 목에 칼이 들어와도 뺄 수 없다. 또 누군가는 아프다. 이 각각의 시간을 조각하는 것은 각각의 삶을 깎아버리는 일이기 때문에 매니저에게도 스트레스다. 7~24시 사이의 조각을 맞출 때까지는 각각의 삶의 이야기에서 벗어나야 한다. 이런 삶에 빠져들어서는 온전한 정신으로 스케줄을 짤 수 없다. 여기서 매니저에게는 사람의 시간을 오로지 숫자, 비인격화된 기호로 마주하는 자세가 필요하다.

그렇게 조각을 맞추다 실패하면 앞에서 얘기했듯이 가장 할 일 없어 보이는 잉여에게 연락을 한다. 내가 대표적인 그 잉여였다. 글 쓰는 백수였으므로 딱히 거절할 명분이 없었다. 하지만 이 잉여에게도 1년에 딱 한 번 바쁜 날이 있지 않을까? 그러면 결국 매니저 스스로 자기 시간을 조각해서 끼워 넣는다. 매니저들은 일반 크루와 다른 대우를 받지만, 그 대우의 대가는 자기 착취다. 맥도날드 매니저 박준규의 말이다.

"아무래도 자기 근무 시간 동안 매장 전체와 여기에서 일어나는 모든 일들을 내가 컨트롤하고 응대하고 책임져야 하는 게 업무이므로 늘 긴장할 수밖에 없어요. 그리고 단순히 물건을 다루는 일이 아니라 '사람(직원이건 고객이건)'을 다루는 일이므로, 내가 사람을 잘 다루지 못하면 크루들이 불만을 품고 떠나가게 되며, 그러면 그만큼 나를 포함한 모두가 일하기 힘들어진다는 생각이 들 수밖에 없습니다."

한편 맥도날드의 극단적으로 유연한 스케줄 제도는 소위 '수량적 유연화'라고 불리는 유동적 노동력 관리를 손쉽게 한다. 노동시장에서 수량적 유연화란 상품의 수요가 많을 땐 고용을 늘리고, 상품의 수요가 적을 땐 고용을 줄이는 것이다. 이때 사람을 해고하기 위한 절차, 부당해고구제신청과 같은 갈등과 해고예고수당, 매출이 회복됐을 때 다시 구인을 해야 하는 등의 노무 관리 비용이 발생한다. 그런데 맥도날드의 스케줄 제도에서는 장사가 안 될 때 노동자를 굳이 해고하지 않고 근무 시간만 줄여버리면 된다. 실제로 2017년 햄버거병 사태로 많은 크루들의 스케줄이 줄어서 월급이 줄어드는 일이 벌어졌다. 나름의 기준은 있다. 목표 매출액의 15~20%가 되도록 인건비를 배치한다. 맥도날드에서는 이것을 세일즈 대비 인건비 비중이라고 한다.

이보다 심각한 게 클로프닝(clopening)이다. 클로즈와 오프닝을 합친 단어로, 매장의 마감을 위해 12시에 퇴근한 노동자가 매장 문을 열기 위해 아침 7시에 출근하는 것이다. 최소한의 인력으로 스케줄을 짜다보니 어쩔 수 없이 몇몇이 희생한다. 게다가 스케줄이 미리 공지

되지 않고 1주 전, 심지어 하루 전 공지되는 경우가 있어 늘 불안하다. 맥도날드는 그나마 야간과 주간이 나뉘어 있어 어느 정도의 예상은 가능하다. 스타벅스는 주간과 야간 노동자가 나뉘어 있지 않아 클로프닝 현상이 잦다. 실제 퇴근하고 씻는 시간 그리고 다음날의 출근 시간을 생각하면 실제 쉬는 시간은 4시간 정도에 불과하다. 그마저도 일찍 출근하기 위해 신경을 쓰다 제대로 잠을 자지 못하는 경우가 많다. 맥도날드의 불안한 근무 시간을 보면, 비정규직은 차라리 정규직처럼 보일 정도다.

30분의 햄버거 카스트 제도

맥도날드는 한국의 근로기준법에 따라 4시간 일하면 30분의 휴게 시간을 준다. 이걸 정확하게 지키는 기업이 한국에 얼마나 있을까? 맥도날드는 지문 시스템을 통해 정확히 시간을 지킨다. 게다가 휴게 시간과 함께 햄버거를 무료로 제공한다. 그런데 이 햄버거가 직급에 따라 차이가 있다. 일반 크루는 '상하이버거'와 '빅맥'까지, 트레이너는 '더블1955버거'와 '시그니처버거'를 제외한 메뉴, 매니저는 자유롭게 메뉴를 선택할 수 있다. 이러한 햄버거 카스트 제도는 직급에 따른 임금 차이가 거의 없기 때문에 식사라도 차별을 둬서 직급의 가치를 높이려는 목적일 수 있다. 매장 안의 위계를 유지하는 수단일 수도 있다. 매니저는 가끔씩 알아서 크루들에게 규정 이외의 식사를 제공한다. 매니저가 보기에도 과도한 업무를 하거나 매니저와 원만한 관계를 유지하는 경우, 식사 규정에 없는 '슈비버거'나 '쿼터파운드치즈버거' 등을 먹는다. 햄버거 종류 하나로 회사는 베푼다는 생색을 내고 노동자는 고마움을 느낀다. 햄버거가 노무 관리의 수단으로 쓰이고 있는 셈이다. 인센티브나 상여금이 아니라 햄버거로도 그러한 효과를 만들어낼 수 있으니 상당히 저렴하다. 게다가 이 햄버거도 크루들이 만든다. 맥도날드는 재료 값만 든다.

가끔 포상으로 1만 원 정도의 맥머니를 제공하기도 한다. 맥도날드 매장에서 사용할 수 있는 쿠폰이다. 보통은 발급한 매장에서만 사용할 수 있다. 일하는 노동자는 지겹도록 햄버거를 먹기 때문에 맥머니가 큰 포상으로 다가오지는 않는다.

햄버거를 반복적으로 먹으면서 크루들은 맥도날드의 소비자가 된다. 맥도날드 음식에 익숙해지는 것이다. "먹기 싫으면 안 먹으면 되지 않느냐, 햄버거라도 주는 게 어디냐"라고 말할 수도 있다. 하지만 햄버거를 먹지 않을 수 없는 몇 가지 장치들이 있다. 우선 다른 직장처럼 한 시간의 점심시간을 주지 않는다. 근로기준법에 적힌 대로 4시간 일하면 30분의 휴식 시간을 주기 때문에 7시간 30분 일하는 노동자는 딱 30분 휴식 시간을 갖는다. 8시간 일하는 노동자에게도 1시간을 주는 게 아니라 30분씩 쪼개서 두 번 준다. 당연히 각자 돌아가면서 휴식 시간을 가진다. 식사 시간은 불규칙할 수밖에 없다. 내가 휴식 시간을 쓰고 와야 다른 사람이 휴식을 취할 수 있다. 출퇴근도 마찬가지다. 아침 9시에 다 같이 출근하고 오후 6시에 다 같이 퇴근하는 것이 아니다. 누구는 7시, 누구는 9시에 출근한다. 또 누구는 3시 퇴근하는 사람의 교대를 위해 들어온다. 최소 인력으로 매장을 운영하는 방법이다.

매장을 벗어나 근처 식당을 이용하려면 돈도 문제지만 허겁지겁 밥을 먹어야 한다. 그래서 빵이나 컵라면을 먹는다. 이때 손님이 오기 전 게 눈 감추듯 폐기 음식으로 식사를 때우는 편의점 알바노동자와 맥도날드 노동자의 극적인 만남이 이루어진다. 휴식 시간은 무급이므로 30분을 넘기면 일하는 시간이 줄어서 임금도 줄어든다. 40분의 식사 시간을 가지면 10분의 임금이 줄어든다.

정확히 맞춰서 오는 게 최고

"한 10분은 일찍 오셔서 준비도 좀 하고 그러세요."
"여기는 다른 데처럼 일찍 온다고 좋아하는 곳이 아니에요."
맥도날드 입사 뒤 얼마 안 돼서 이 모순되는 이야기를 동시에 들었다. 초반에는 잘 보이기 위해 20분 일찍 출근했다. 별 생각 없이 출근하자마자 지문을 찍었다. 그러자 매니저가 깜짝 놀라면서 "퇴근 찍어야겠네"라며 농을 섞어 말했다. 알고 보니 맥도날드는 지문을 찍은 시간대로 임금을 지급하기 때문에 일찍 온다고 지문을 빨리 찍으면 안 되었다. 먼저 일하던 동료는 "여기는 다른 직장과 달리 정확히 맞춰서 오는 게 최고"라고 조언했다.

그렇다고 정말로 9시에 딱 맞춰서 가는 것도 눈치 뵈는 일이다. 맥도날드는 유니폼을 갈아입고 지문을 찍어야 한다. 배달 노동자들은 잘 맞는 옷이 없기 때문에 대충 입고 팔꿈치와 무릎 보호대를 한 다음, 카드 단말기와 오토바이 열쇠를 챙겨야 한다. 이게 적어도 5분은 걸린다. 여성들의 경우는 옷을 갈아입고 긴 머리를 머리 망으로 정리해야 해서 좀 더 시간이 걸린다.

"한번은 유니폼을 갈아입고 출근 체크를 했는데, 옷이 구겨졌다며 다려 입고 오라는 지시를 받았다. 그 시간은 근무 시간에서 제외됐다. 매장에서 해피밀을 팔고 있지만, 나는 전혀 해피하지 않다."

맥도날드 알바노동자 K의 말이다. 이 매장은 15분 전 출근이 규칙이라고 한다.

알바노조가 2015년 8월부터 4개월 동안 온라인을 통해 패스트푸드 전·현직 알바노동자 238명에게 설문 조사를 벌인 결과는 흥미롭다. 응답자의 97%는 유니폼을 갈아입고 컵 정리를 하는 등의 '업무 준비 시간이 근무 시간에 포함되지 않는다'라고 답했다. 이들의 하루 평균 준비 시간은 약 8분 42초였다. '퇴근 체크하고 나서도 일을 했다'라는 응답도 57%에 달했다. 퇴근 체크 뒤 실제로 매장을 나가는 데 걸리는 시간은 평균 10분 52초였다. 하루 약 20분의 임금이 착복되고 있었다.

철저한 분 단위 계산의 장점도 있다. 절대로 연장 근무를 시키지 않는다. 소정근로시간보다 1분이라도 많이 일하면 50%의 가산임금이 발생하기 때문이다. 그러다보니 매니저들은 퇴근 시간이 되면 빨리 퇴근하라고 재촉한다. 직장 상사가 칼퇴를 지시하다니, 꿈의 직장이라 할 만하다!

바로 여기에 포괄임금제와 긴 노동시간의 함정이 있다. 시급제 노동자보다 좋은 처지라고 믿는 정규직 노동자들은 대부분 포괄임금 계약을 맺는다. 포괄임금제란 연장, 야간, 휴일 등 각종 수당을 다 합쳐서 월급으로 받는 체계를 말한다. 그래서 실제로 노동자가 연장 근무를 많이 해도 당초 받기로 한 월급만 받는다. 영세 사업체에서 일하는 정규직 노동자들은 월급을 시급으로 환산했을 때 최저임금을 겨우 넘거나 최저임금에도 못 미치는 경우가 있다. 실제 월급만 뺀다면 알바 노동시장의 관리직인 매니저들보다 칼퇴를 할 수 있는 시급제 노동자들의 삶이 더 나아 보일 때도 있다. 여기서 우리는 새로운 질문을 던질 수 있다. 고용이 안정적이지만 과로에 시달리는 정규직 노동자보다 칼퇴를 할 수 있는 시급제 노동자가 괜찮지 않을까? 물론, 질문이 잘못됐다. 시급제 노동자들에게 충분한 임금과 안전망을 제공하고, 포괄임금제 정규직 노동자들의 장시간 노동도 줄이는 것이 바람직하다. 실제 유럽에서는 고용이 불안정하다는 이유로 비정규직 노동자들의 시급을 정규직 노동자들보다 높게 지급하는 경우가 있다.

그런데 알바 노동시장에서도 포괄임금제를 적용하려는 시도가 일어나고 있다. 벼룩의 간을 빼먹는다는 말을 이럴 때 쓸까. 2017년 2월 8일에 한 구직 사이트에 올라온 근무 조건을 보자. 급여가 시간당 7,000원이다. 오른쪽에 최저시급 6,470원을 적어 놓았으니 정말 많이 주는 것 같다. 그러나 이런 광고는 거짓말이다. 7,000원에 주휴수당이 포함되어 있기 때문이다. 맥도날드 또한 알바노조의 항의 시위에 대해 2015년 3월 24일 "90% 이상의 크루(시급제 매장 직원)가 7천~9천 원 이상의 시급과 다양한 복지 혜택을 받고 있습니다"라는 공식 보도 자료를 냈다. 정말로 그렇다면 맥도날드는 7,000원을 기준으로 주휴수당을 계산해야 한다. 그러나 맥도날드는 최저임금을 기준으로 계산했다.

물론 이 모든 범주에서 벗어나는 존재도 있다. 바로 시간제 노동자의 저임금과 정규직 노동자의 장시간 노동이 공존하는 스윙 매니저다.

"시프트(근무 시간) 동안 해야 하는 업무가 있는데, 나는 멀티태스킹에 익숙하지 않아 시간 내에 끝내지 못하는 경우가 있어요. 그렇게 거의 매일 하루 12시간 이상 일합니다. 스윙 매니저도 시급제이므로 지문을 찍는데, 저는 퇴근 시간이 되면 일단 퇴근 지문을 찍고 나서 잔업을 해요. 잔업을 다 끝내면 짧아도 1시간 길게는 2시간 정도 걸리는데, 이게 연장 근무로 계산되면 안 되니까. 본사에서 레이버 코스트(인건비)를 줄이라는 압박을 계속 강하게 가하고 있어요. 매장 여러 개가 지역(패치)으로 묶이는데, 이 담당자(OC)한테 매일매일 그날에 발생한 직원 전체의 총 연장 시간, 심지어 누구 누구가 몇 분만큼 연장이 발생했는지 일일이 적어서 매일 이메일로 보고해요. 이 '비용 절감'이 각 매장에 대한 중요한 평가 요소가 되니까, 나도 연장수당이 어떻게든 발생하지 않게 하려고 해요. 내 연장이 너무 많이 발생하면 OC 같은 상급자뿐만이 아니라 점장이나 선임 매니저도 분명히 질책할 테니까요."

박준규 매니저는 장시간 노동의 원인을 자신의 미숙함으로 설명한다. 스윙 매니저는 세컨드 매니저가 되기 전의 단계로 일이 미숙하고 마감도 늦어질 수밖에 없다. 이 부담을 오롯이 개인이 져야 한다. 이 같은 '일못'의 논리는 '배움'의 논리와 연결되어 있다. 아직 미숙해서 실수가 많고 시간이 오래 걸리니 배우는 동안은 임금을 받을 자격이 없다는 논리다. 실제 점장은 박준규에게 회사 인턴 한다고 생각하고 스윙 매니저를 해보라고 했다. 아무도 그에게 강요하지 않았지만,

반도의 흔한 '미생' 인턴들이 그 제안을 거절하기는 쉽지 않다. 결국 중요한 것은 제도뿐 아니라, 그 제도가 제대로 작동하도록 하는 현장에서의 미시 권력이다.

준비물과 화상

맥도날드를 포함해서 알바노동자가 일을 시작하는 초기에 비용이 꽤 들어간다. 내가 배달 일을 시작할 때 구입한 준비물의 목록이다.

- **운동화** : 55,000원(할인가에 파는 매장 전시 상품을 인터넷에서 구매하고, 기존에 쓰던 운동화를 작업화로 씀).
- **장갑** : 10,000원(폐점 세일이라고 붙어는 있지만 결코 폐점하지 않는 지하철 매장에서 삼).
- **마스크** : 12,000원(인터넷에서 목과 귀를 덮을 수 있는 마스크를 삼).

7만 7천 원, 약 이틀 정도의 임금이다. 주방에서 일하는 노동자들도 기름이 늘 홍건하게 젖어 있는 바닥을 오가야 하므로 따로 작업용 신발을 구입해야 한다. 여성들은 머리 망을 산다. 2012년 유니클로에서는 매장 노동자에게 반드시 유니클로 브랜드의 옷을 입으라고 했다. 유니클로 제품이 유니폼인 셈이다. 사실상의 강매다. 물론 임금에 이런 비용이 포함되어 있을 수 있다. 그런데 시급이 최저임금이다.

또한 맥도날드 노동자들은 항상 화상의 위험에 노출되어 있다.

"너겟을 튀기고 바스켓을 옮기다가 바스켓에 묻은 뜨거운 기름이 팔에 닿은 적이 있었다. 너무 바쁘고 정신이 없을 때라 고통이 많이 느껴지지도 않았고 물로 씻을 생각도 안 했다. 한참 후에 팔을 보니 바스켓 모양을 따라 그대로 보라색 화상이 남아 있었다. 오래 일한 언니에게 보여줬더니 우스갯소리로 상처만 보면 어떤 바스켓에 데었는지 알 수 있다고 했다. 또한 단 두 장의 얇은 위생 장갑을 끼고 냉동 패티를 그릴 판 위에 올려놓는다. 나에겐 위생 장갑이 커서 패티를 내려놓으면서 손가락 끝 쪽 장갑이 녹았다. 두 장의 위생 장갑이 녹아 자기들끼리 엉겨 붙기도 하고 내 손에 녹은 비닐이 달라붙기도 했다. 한 번 패티를 구우면 그릴 판을 청소해야 하는데 밀대로 그릴 판 위를 밀 때 재수 없으면 기름 찌꺼기가 팔에 떨어진다. 기름 찌꺼기도 굉장히 뜨거워서 피부에 닿으면 화상을 입는다. 트레이너는 어쩔 수 없다고, 조심할 수밖에 없다는 말을 했다. 그래도 처음에는 무서우니까 조심조심, 천천히 패티를 굽고 청소를 했다. 하지만 내 손 조심하느라 느릿느릿 굽는 것은 허용되지 않았다. 나는 당장 내가 뜨겁고 화상을 입는 것보다 패티를 빨리 굽는 것이 중요하다는 것을 깨달았다."

맥도날드 알바노동자 K의 말이다.

알바노조에서 화상 경험에 대한 설문 조사를 진행한 적이 있다. 80% 정도의 노동자가 화상 경험이 있다고 대답했다. 전미서비스노조(Service Employees International Union)에서도 미국 패스트푸드 노동자들의 화상 경험을 조사한 적이 있는데 역시 80%였다. 화상이 단순한 사고가 아니라 노동 과정의 일부가 되어버렸다. 즉, 일상적인 화상을 전제로 패스트푸드 햄버거가 탄생하고 있다.

만약 이것을 모두 산업재해로 처리한다면 맥도날드를 비롯한 햄버거 업체의 산재 보험료는 상당히 오르고, 곧바로 국가 기관의 감시 대상이 될 것이다. 알바노동자의 침묵 속에서 맥도날드는 위험한 산업을 저비용으로 굴리고 있는 셈이다. 물론 맥도날드만의 문제가 아니다. 한국은 하루에 5명이 죽어나가는 산업재해 국가다. 마치 전쟁을 치르는 나라 같다. 이 수치는 한국의 산업이 하루 5명의 목숨을 앗아가지 않으면 돌아가지 않는다는 것을 뜻한다. 당연히 산재 처리가 되지 않는 용역 계약 노동자, 사각지대에 놓인 노동자의 죽음은 통계에도 오르지 못한다. 그리고 알바노동자의 상해와 사망이 이 통계에 오르지 못하는 일은 작은 해프닝에 불과하다.

하지만 이런 쉬운 비평으로는 해결되지 않는 문제가 남아 있다. 맥도날드 노동자들 사이에서는 "화상을 입는 것은 훈장"이라는 말이 나돈다. 노동자들도 화상이 돌발적인 사고가 아니라 일상이자 감수해야 할 위험이라는 것을 잘 알고 있다. 나아가 훈장처럼 이곳에서 열심히 일한 증거로 여겨지기까지 한다. 이런 상황에서는 화상을 문제라고 말할 수 없다. "모두가 감수하면서 하는데 왜 유독 너만 문제 삼느냐"라는 말이 되돌아올 게 뻔하기 때문이다. 문제는 화상이 아니라, 화상을 문제라고 이야기하는 '당신'이다.

미소와 친절

맥도날드를 포함한 패스트푸드 업체는 손님과 판매자의 만남을 최소화한다. 최대한 대화를 짧게 나눌수록 좋다. 손님은 음식 받는 시간을 줄인 것이고, 알바노동자는 주문을 신속하고 정확하게 처리한 것이다. 그 줄인 시간만큼 맥도날드 본사는 더 많은 매출을 올린다. 그래서 매장에서는 이런 잡음이 나온다. "손님, 그 상품은 5분 정도 걸리는데 괜찮으시겠어요?" 맥락을 이해하지 못한다면, 5분 안에 이렇게 빨리 햄버거가 나오는데 뭐가 문제일까 싶다. 하지만 이 말은 5분씩이나 걸리는데 그래도 주문하겠느냐는 뜻이다.

이 때문에 손님 역시 속도의 압박을 받는다. 카운터 앞에서 메뉴를 고르면 다음 손님의 따가운 눈총을 받기 쉽다. 지체 없이 메뉴를 말해야 한다. 카운터 직원의 질문 속도 역시 빠르다. "빅맥……"에 "세트로 하실 건가요?"라는 물음이 바로 나오고, "음료, 콜라로 괜찮으시죠?"가 재빨리 이어진다. "사이즈는 어떤 걸로 할까요?" 역시 쉬지 않고 나온다. 손님이 항상 같은 말을 반복하는 카운터 노동자의 속도를 따라가기는 쉽지 않다. 물론 가끔씩 이 리듬을 깨는 손님이 등장한다. "여기서 제일 맛있는 햄버거 줘봐요"라고 요구하는 손님이 오는 순간 맥도날드 시스템은 붕괴된다. 내 앞에 있는 손님이 인간이라는 사실을 환기하게 된다. 그러나 크루는 맛에 대한 판단을 할 수 없다. 그래서 보통 어떤 제품이 많이 나가는지로 대답을 대신한다.

손님은 전광판을 주시하면서 자신이 주문한 제품이 나왔는지를 확인해야 한다. 만약 전광판에 자신의 주문 번호가 떴는데도 가져가지 않으면, 알바노동자들의 보이지 않는 눈총을 받을 것이다. 그리고 쟁반에 있는 햄버거를 가져가고, 다 먹고 난 뒤 식탁을 정리하는 것도 손님의 몫이다. 이러한 손님의 자발적인 노동은 맥도날드에게 꼭 필요하다. 그렇지 않으면 서빙을 하는 노동자들로 매장을 채워야 하며, 식탁의 회전율과 사람들의 동선에 큰 차질이 생길 것이다.

이 과정에서 고객은 숫자로 바뀐다. 주문인의 이름이 주문 번호로 대체된다. 비단 매장뿐 아니라 맥딜리버리 서비스도 마찬가지다. 배달 노동자에게는 69번 손님일 뿐, 그 이외의 정보는 불필요하다. 진상 손님으로 배달 노동자 사이에서 화제가 된다면 기억에 오래도록 남겠지만 말이다. 손님들이 어떤 가격의 어떤 햄버거를 먹는지도 관심사가 아니다. 주력 판매 제품이 아니라 엉뚱한 불고기버거나 치즈버거를 시키는지, 그래서 그 버거를 지금 만들기에 적합한지, 방금 들어온 주문을 치워버렸는지가 오로지 관심이다. 손님 역시 내 앞의 알바노동자가 누구인지는 중요하지 않다. 이 사람이 어제 밤을 샜는지, 애인과 싸웠는지, 집안에 우환이 있는지 대체 무엇이 중요하단 말인가. 만약 그런 호의가 있어 이런저런 말을 건다면, 알바노동자의 업무를 방해하는 진상 손님이 될 뿐이다.

알바노동자들에게 있어 고객은 빨리 지워버려야 할 범프다. 진정한 대화는 고객의 주문을 입력하고 저장하는 포스기와 손님의 카드 사이에 이루어질 뿐이다. 최근 스타벅스는 멤버쉽 프로그램을 도입해 음식이 나오면 주문한 고객의 이름이 뜨도록 했다. 그러면 알바노동자는 "○○ 고객님 주문하신 카페라떼 나왔습니다"라고 외쳐야 한다. 짓궂은 손님들이 '빵구똥구', '귀요미'라고 적어서 화제가 되기도 했다. 하지만 여기서도 이런 애칭은 주문 번호와 같은 기능을 할 뿐이다. 설사 애칭이 '박정훈'이라는 본명이더라도 마찬가지다. 알바노동자에게는 상대방이 박정훈이든, 김정훈이든, 심지어 김정은이라 하더라도 해치워야 할 주문 고객일 뿐이다. 물론 이 추억을 영원히 잊지 않는 존재가 있으니 그것은 기계이고, 그 데이터를 수치화하는 경영진이다. 이때 인간은 통계상의 숫자로만 존재한다.

역설적으로 이 짧은 만남 때문에 알바노동자의 '미소'와 '친절'이 중요해졌다. 상대방의 인격과 삶에 대해서 아무것도 알 수 없는 상태에서 유일한 판단 기준은 겉으로 보이는 모습뿐이다. 판단 기준이 얼굴과 표정, 목소리뿐인 순간에 인상을 찌푸리거나 짜증 섞인 목소리를 낸다면 문제가 발생한다. "장사를 하겠다는 거야, 뭐야!" 미소와 친절은 알바노동자의 업무이자 성실함의 척도가 된다. 맥도날드에 입사 지원을 하려면 맥알바라는 인터넷 사이트를 통해서 인성 시험을 봐야 한다. 손님이 불만이나 불합리한 행동을 했을 때 알바노동자로서 어떤 대응을 해야 하느냐가 주된 질문이다. 아무래도 일을 구하는 입장이니 완벽한 친절을 요하는 대답만을 했는데, 과연 이것이 옳은지는 알 수 없다. 이 미소는 보통 6개월마다 이루어지는 시급 인상 협상에서도 중요한 평가 항목이다. 노동자와 점장이 1:1로 업무 평가를 해서 모든 항목에서 만점을 받아야 시급이 인상된다. 물론 노동자가 모든 항목에 만점을 표시하면 그때부터 매니저의 본심을 듣게 된다. "정말로 그렇게 생각해?" 이때 손님들의 클레임이 중요한 근거가 된다. 이것을 통과해 추가적으로 받는 시급은 50원이다. 6개월 동안 하루 종일 생글생글 웃는다면 시간당 50원, 하루 400원의 임금이 인상된다. 맥도날드의 업무 체크리스트인 SOC에는 카운터의 6단계 중 미소를 지어야 하는 단계는 '모든 단계'라고 되어 있다.

지금까지 맥도날드의 노동 세계를 살펴보았다. 해외에서는 맥도날드 일자리를 맥잡으로 줄여서 저임금 일자리를 가리키는 용어로 사용한다. 그러나 한국에서는 맥잡의 의미가 복잡하다. 맥잡은 다른 한국 기업과 달리 최소한의 법을 지키고, 자유롭게 스케줄을 조정할 수 있고, 햄버거로나마 밥을 주는 일자리이다. 그러나 맥잡은 높은 노동 강도, 자진 퇴사를 가장한 해고, 극단적인 유연화, 저렴한 노무 관리 비용, 지긋지긋한 햄버거를 의미하기도 한다. 이것은 맥잡 자체의 문제라기보다는 한국 알바 노동시장의 조건이 해외에 비해 열악하기 때문이다. 흔히 빅맥 지수로 각 나라의 물가지표를 비교하기도 하는데, 맥잡 지수로 각국의 노동 환경을 비교해본다면 한국은 하위권을 차지할 가능성이 높다. 한국 맥잡의 역설, 한국 맥도날드의 모순된 위치는 결국 한국 알바 노동시장의 특수한 환경 때문에 발생한다.

3

한국 경제 1%,

편의점

저는 편의점 시재 16,000원 채웠습니다. '네가 가져간 거 아니냐?' 이 말 때문일까요?

문제 제기를 못하겠습니다.

오토바이를 몰고 주문 받은 주소를 찾아 도시의 골목길을 이리저리 돌아다니다보면 주요한 갈림길에 항상 편의점이 있다. 양화로1길과 월드컵로1길을 가르는 구석엔 세븐일레븐, 포은로와 월드컵로5길을 가르는 지점엔 CU가 있다. 뱃사람이 등대를 만났을 때의 기분이 이러했을까? 사장님에겐 그저 몫 좋은 곳이겠지만, 배달 노동자에겐 복잡한 길을 잘 찾을 수 있도록 안내하는 도시의 등대다.

하루 종일 계단을 오르내리느라 목이 마르거나 배가 고플 때 찾는 최고의 휴게소 역시 편의점이다. 간단하게 움직이면서 먹을 수 있는 1,000원짜리 초코바, 가끔은 사치를 부려 스포츠 음료를 집어 든다. 운이 좋으면 2+1을 만날 수도 있다. 마치 집안의 냉장고에서 물과 음식을 꺼내 먹듯 사람들은 편의점에서 음식을 사 먹는다. 실제로 세븐일레븐은 1927년 미국 텍사스 주 댈러스의 작은 얼음 공장인 사우스랜드 제빙 회사에서 우유와 빵, 달걀 등을 보관·판매한 것에서 시작되었다. 냉장고를 들고 다니거나 집에 들러 꺼내 먹을 수 없으니 보관료를 생각한다면 그렇게 비싼 편도 아니다.

　도시의 곳곳을 밝게 비추고 그 이름처럼 편리한 편의점은 이제 우리 삶에서 빼놓을 수 없는 장소다. 하지만 우리는 CU, GS25, 세븐일레븐을 떠올릴 뿐 그 속에서 일하는 편돌이, 편순이라고 불리는 알바노동자의 삶에 관심을 기울이지 않는다. 편의점의 속내라고 할 수 있는 알바노동자의 삶은 투명하고 밝은 매장만큼 환하지 않다.

라이프 플랫폼

　2015년 기준 한국의 편의점은 28,994개다. 편의점당 종사자는 7.1명. 전체 종사자는 205,857.4명이다. 매출액은 17조 1,947억 원이다. 숫자는 어림잡아 외우면 좋다. 한국 편의점은 약 3만 개고, 편의점 노동자는 21만 명, 매출액은 17조 원이라고 하자(2016년엔 20조 원을 기록했다). 2015년 한국 GDP가 약 1,500조 원이니(1,558조 원, 14,044억 달러, 세계 11위) GDP의 1% 정도를 편의점이 담당하고, 2,000만 노동자 중 1% 정도가 편의점 노동자인 셈이다. 한국 경제 1%가 편의점이라고 볼 수 있다. 참고로 1등 기업 삼성전자의 1년 매출액은 200조 원, 직원은 95,374명이다.

한국 경제 1%는 결코 작은 규모가 아니다. 하지만 편의점은 경제적 규모보다 편의점의 위치와 숫자, 그리고 우리 삶에 미치는 사회문화적 영향력이 더 크다. 이것은 편의점 본사가 더 잘 알고 있다. GS25는 편의점을 단순한 소매점이 아니라, 사회적 인프라(Social Infra)라고 설명한다. 그러면서 편의점이 비상의약품, 아동·여성 안전 지킴이 등의 역할을 한다고 적시했다. 이 같은 자신감에는 근거가 있다. 2015년 기준 한국인 1,777명당 1개의 편의점을 가지고 있는데, 이 숫자는 웬만한 공공 의료 기관보다 많다. 한국 주민자치센터는 불과 2,796개이고, 보건소는 3,497개이다. 우체국도 3,542개, 파출소 지구대와 치안센터를 합친 숫자는 3,047이다. 병의원은 6만 개 정도로 편의점의 2배에 육박하지만, 21,461개의 약국보다는 편의점이 많다. 편의점에 비견할 만한 곳은 국민 간식이라 불리는 치킨 집 정도다. 무려 2만 5천 개. 편의점계 빅3인 CU는 신세계, GS25는 엘지, 세븐일레븐은 롯데와 연결되어 있다. 대기업의 자본력과 유통망을 무기로 편의점은 자신의 역할을 점점 더 확대하고 있다. 최근에는 이마트 편의점까지 생겨났다.

단순히 어마어마하게 많다는 이야기를 하는 것은 아니다. GS25의 자신감처럼 편의점의 성격이 변했다. 편의점은 우리 삶 속에 스며들었다. 국내 편의점 업계 1위 CU는 자신의 야망을 다음과 같이 표현했다. '고객의 하루가 시작되고, 잠깐의 휴식이 되어 머무르고, 하루의 마무리를 같이 하는 CU.' 그리고 자신들이 생각하는 편의점의 변화를 서술한다. '이전까지의 편의점은 단순히 제품과 서비스를 채워두고 제공하는 편의점으로 고객들이 필요로 하는 상품과 서비스, 편안한 휴식 제공에 대해 부족함이 있었습니다. CU는 정형화된 틀을 깨는 Fresh한 생각으로 매장을 방문한 고객들이 1분 1초도 Refresh할 수 있도록 편안한 휴식처가 되기 위해 노력하고 있습니다.' 그러면서 'CU는 상품과 서비스만 제공하는 어제의 편의점을 넘어 혼자서도 가장 편안한 시간을 보내고, 행복하게 함께 식사를 하고, 누구와도 부담없이 만나는 '라이프 플랫폼"이라고 규정한다. 하루의 휴식과 마무리, 즉 일하는 시간을 뺀 나머지 시간을 모두 함께하겠다는 뜻이다. 기업이 출근 후의 업무 시간뿐만 아니라 퇴근 후의 휴식 시간도 차지하겠다는 야망의 표현이다. 이렇게 우리는 회사에서는 노동자, 편의점에서는 소비자가 된다. 거기에 더해 편의점은 라이프 플랫폼이란다. 하나의 생활양식이자 삶의 기준이 되겠다는 것이다.

가난한 도시인들의 냉장고

편의점의 시작은 얼음 회사였다. 식품을 신선하게 유지해서 판매하는 것이 편의점의 핵심이었다. 냉장고가 막 보급되기 시작한 1920년 대 미국에서 편의점의 역할이 음식을 보관하는 것이었다면, 냉장고가 보편화된 오늘날 편의점의 역할은 무엇일까? 그것은 주거 형태의 변화와 관련되어 있다. 가장 극단적인 예는 고시원이다.

20대 초반에 창문으로 남의 발이 보이는 15만 원짜리 반지하 고시 원에서 산 적이 있다. 주방은커녕 냉장고도 없었다. 공동 주방이 있었 지만 그곳에서 한가하게 요리를 해 먹을 수는 없었다. 라면이라도 끓 여 먹을 수 있다면 다행이고 보통은 컵라면이다. 물론 컵라면을 고시 원에서 먹을 바에야 쓰레기를 바로 처리할 수 있고, 다른 음료수나 삼 각김밥 등 조합을 이룰 수 있는 음식을 바로 사 먹을 수 있는 편의점 이 더 낫다. 주방이 없으니 당연히 냉장고도 필요 없었다. 냉장고가 있는 고시원도 있었지만 음식 재료를 충분히 넣을 만큼 크지 않았다. 1.5리터 생수도 부담스러워 참치 캔과 스팸, 소량의 계란만을 넣었다.

원룸이라고 해서 크게 다르지 않았다. 설계상으로는 설거지한 그 릇을 놓고, 도마질을 할 수 있는 공간과 싱크대, 가스레인지, 식탁을 동시에 확보해놓은 원룸이 꽤 있었다. 하지만 실제로 요리를 해보면 공간이 나오지 않았다. 최근에는 변기와 싱크대가 한 공간에 있는 원

룸도 등장했다.

물론 이것을 주거 형태의 변화로만 설명할 수는 없다. 장을 보고 요리를 하고 설거지를 하는 재생산 노동을 할 시간이 없을 수 있다. 뭐 시간이 없다기보다는 에너지가 없다고 표현하는 게 적절할지도 모른다. 일이나 학업을 마치고 돌아온 집에서는 아무것도 하고 싶지 않다. 그저 눕고 싶다. 게다가 오늘로 끝이 아니라, 내일 아침에도 바쁜 삶이 기다리고 있다. 30분 정도 일찍 일어나서 뭐라도 준비해서 먹고 나갈지, 조금이라도 더 잘지 사이에서 늘 갈등하지만 패배하기 일쑤다.

부지런을 떨어서 음식을 만들었더라도 집에 타인을 초대할 만큼의 공간이 없으니 혼자 먹어야 한다. 1인분의 음식을 만들기 위해 요리를 하는 게 비효율적이라는 생각이 들 수밖에 없다. 딱 1인분에 적합한 장보기와 요리를 하는 것도 만만치 않다. 그 노동을 할 바에야 간단하게 사 먹는 게 효율적이다. 알바노동자들은 음식 만드는 시간을 시급으로 계산하는 것에 익숙하다. 말도 안 되는 이야기이긴 하지만, 내가 음식 재료를 사서 요리를 하고 설거지까지 하는데 2시간이 걸린다면 15,060원(2018년 기준)이다. 재료 값까지 더하면 그냥 밖에서 식사를 해결하는 것이 더 저렴하다. 취업 준비생이라면 그 시간에 공부를 하는 게 낫다고 생각할 수 있다. 구차한 계산이고, 당연히 그렇게 힘들여서 해 먹는 것이 장기적으로는 더 저렴하다. 하지만 이런 식으로 자기 합리화가 되는 것은 어쩔 수 없다. 결정적으로 그렇게 공들여서 만든 음식의 맛을 보장할 수 없다면 더 큰일 아닌가. 물론 이런 자기변명의 이면에는 가사노동을 비생산적 노동으로 취급하는 태도가 있다. 밥 먹는 순간에도 자기 계발을 해야 할 것 같은 압박을 느낀다. 가사노동이 익숙하지 않은 것 역시 중요한 요인이다. 현대인들은 가사 서비스를 구매하는 데 익숙하다.

편의점의 판매 상품도 점점 집에서 해 먹을 수 있는 것들로 확장되고 있다. 삼각김밥과 도시락, 라면은 기본이고 누룽지, 미역국 등 가정식 식단도 있다. 최근에는 고구마와 어묵, 원두커피까지 들어왔다. 심지어 편의점에서 공공요금을 낼 수 있고 간단한 민원 증명서도 뗄 수 있다. 은행 ATM 창구는 새벽에 닫지만, 편의점에서는 언제든지 현금을 인출할 수 있다. 의자와 식탁을 놓아 편의점 안에서 식사를 할 수 있는 공간을 마련하는가 하면, 바깥의 파라솔 아래에서 맥주를 즐길 수도 있다(물론 법적으로 불법이다). 먹고 싶은 안주도 언제든지 꺼내 먹을 수 있다. CU 덕성여대점은 파우더 룸과 파티 룸으로 공간 대여를 하고 있으며, CU 마로니에점은 간이 무대를 설치하고 엠프와 조명을 제공한다. GS25는 도시락 예약 서비스를 한다. 고객이 원하는 날짜와 시간에 도시락을 찾아갈 수 있다. 요즘에는 그 귀찮다는 홈쇼핑 반품도 편의점에서 할 수 있다. 주민센터, 은행, 식당, 카페, 맥주집, 파티 룸, 공연장, 도시락 집 등 편의점은 다양한 모습을 띄고 있다. 당연히 편의점에서 일하는 알바노동자는 식당 주인, 맥주 집 알바, 어묵 장수, 바리스타 등 다양한 역할을 수행한다.

　이런 만능 편의점은 건물주에게 무척 환영받는 존재다. 주변에 편의점이나 카페 같은 공간이 있다면 집안에 싱크대와 냉장고, 책상이 들어갈 공간이 없거나 좁아도 상관없다. 건물주는 도시의 발전 덕분에 좀 더 비좁고 비인간적인 집을 지어도 입주자를 구할 수 있게 되었다. 도시의 발전과 도시인의 가난을 바탕으로 해서 장사를 하는 사람들이 생겨나기 시작한 셈이다. 게다가 편의점은 24시간 불이 켜져 있어 안전해 보이는 데다, 각종 편의 시설을 갖추고 있어서 집값을 높이는 역할까지 한다.

도시의 경비실

　냉장고는 코드가 뽑히면 안 된다. 24시간 돌아가야 한다. 새벽에 목이 말라 깨면 냉장고 문을 열고 물을 벌컥벌컥 마셔야 한다. 세븐일레븐의 로고는 7~11시 영업 시간을 상징한다. 과거에는 이 시간이 매우 혁신적이었다. 하지만 오늘날 한국에서 11시에 문을 닫는 편의점은 상상하기 어렵다. 세븐과 일레븐을 비웃듯 편의점은 24시간 돌아간다. GS25는 고객 감동을 위해 24시간에 1시간을 더한다. 그러나 야간 노동을 철저하게 금지하는 유럽에서는 편의점이 힘을 쓰지 못한다. 해가 지면 집으로 돌아가는 노동자에게 편의점이 무슨 소용일까. 편의점은 새벽에 출근하는 노동자의 위를 채우는 바나나우유부터 12시 직장인들의 지갑을 가볍게 하는 도시락, 밤 늦게까지 시험 공부하는 청년들의 머리를 깨우는 핫식스, 3차 회식을 마친 부장님의 숙취 해소제를 위해서 24시간 문을 열어야 한다. 주변 상가가 모두 불을 꺼도 편의점은 불을 밝힌다. 도시가 잠들지 못하도록 하는 형광등 같다. 실제로 24시간 밝은 빛을 유지하기 위해서 전기세가 꽤나 많이 들어간다.

24시간 영업과 밝은 빛은 편의점을 자연스럽게 동네의 경비실로 만들었다. 가장 극적인 모습은 택배다. 아파트 경비실에서 택배를 받아주듯, 경비실이 없는 집들의 골목 입구에서 편의점이 택배를 받아준다. 혼자 사는 여성은 배달 서비스를 안심하고 이용하기 어렵다. 택배를 가장한 범죄 때문이다. 누군가 내 집 주소와 전화번호를 알고 있다는 사실이 불안할 수도 있다. 이런 상황에서 편의점에서 택배를 받는 것은 보다 안전한 방법이다. 게다가 주인 없는 집 앞에 물건을 놓는 것보다 편의점이 훨씬 안전하지 않겠는가.

편의점의 밝음과 투명함은 이곳이 안전한 장소라는 믿음을 준다. 서울시와 편의점은 협약을 맺어 편의점에 여성안심지킴이집 스티커를 붙였다. 낯선 사람에게 쫓기거나 가정폭력을 당하는 피해자들이 긴급히 대피할 수 있는 장소라는 뜻이다. 실제로 급박한 상황에 편의점으로 대피하는 것은 좋은 방법일 수 있다. 편의점에는 무선 비상벨과 무다이얼링(전화기를 내려놓기만 해도 112로 신고되는 시스템)이 있다. 또한 신분이 분명한 알바노동자가 있다. 이렇게 알바노동자는 위험한 상황에서 약자를 보호하고 도시의 치안을 담당하는 중요한 역할을 부여받는다.

2017년 〈한국경제〉가 6월 17일자 1면 기사로 "'최저임금 1만 원론'의 불편한 진실"이라는 기사를 내보냈다. 최저임금을 1만 원으로 올리면 편의점 알바의 월급이 현행 7급 공무원 5호봉보다 많아진다는 내용이다. 공무원 기본급이 최저임금에 못 미치니 정부가 법을 위반하게 된다는 설명도 덧붙였다. 믿기 힘들겠지만 정부조차 최저임금을 제대로 지급하지 않는다. 공공 행정 부문에서 최저임금 미달자가 무려 13만 명이다. 어쨌든 기사가 말하는 불편함의 핵심은 어떻게 편의점 알바 따위가 7급 공무원만큼 돈을 받을 수 있느냐는 것이다. 편의점 알바가 열심히 노력해서 공무원이 된 사람들과 같은 대접 받는 것을 상상하기조차 싫은 모양이다. 서른 살에 이사, 마흔 살에 회장이 되는 재벌가 자제들은 마땅히 그런 대접을 받아도 되지만, 삶의 현장에서 온갖 모멸을 견디며 아등바등 살아가는 알바들은 최저 취급을 받아야 한다. 그리고 좀 더 '고상한' 일을 하는 노동자들에게 우월감을 느낄 수 있는 근거가 되어줘야 한다.

하지만 앞에서도 말했듯이 편의점은 우리가 사는 도시를 돌아가게 하는 중요한 역할을 하고 있으며, 바로 그 편의점을 돌리는 만능 엔터테이너가 알바노동자다. 그들의 일은 결코 쉽지 않다. 우리는 오히려 다른 질문을 던져야 한다. 주민자치센터 창구에서 민원 업무를 담당하는 공무원은 수많은 경쟁률을 뚫고 공무원이 되었다. 공무원에게 그만한 가치를 부여하는 까닭은 경쟁에서 승리했기 때문이다. 그런데 9급 공무원 시험에 22만 명이 몰리고 20만 명이 떨어지는 사회를 과연 건강하다고 할 수 있을까? 그리고 이 시험에서 만점 가까이 받는 것이 공무원들이 민원 업무를 수행하는 데 필수불가결한 능력일까? 주민자치센터 직원이 제공하는 서비스와 편의점 알바노동자가 제공하는 서비스는 다르다. 하지만 둘 다 우리에게 유용하기는 마찬가지다.

왕이 되고 싶은 을의 비뚤어진 욕망

2015년 하루에 편의점을 찾는 고객은 362명이었다. 한 명당 평균 5천 원 정도의 소비를 했다. 편의점당 하루 180만 원 정도의 매출을 올렸다. 여기서 편의점 노동자들의 노동 강도를 추정할 수 있다. 24시간 편의점이라면, 8시간 일하는 알바노동자는 하루 120명 정도의 고객을 만난다. 1시간에 15명꼴이다. 4분에 1명씩 손님이 오고 계산을 한다. 이들이 모두 5천 원을 소비한다면 시간당 75,000원의 매출이 발생한다. 편의점 노동자들이 2015년에 받은 시간당 임금은 5,580원이었다. 손님 한 명의 구매액만큼, 그리고 1/13시간 동안 올릴 수 있는 매출액을 1시간 노동의 결과로 가져간다.

편의점 알바에게 손님이란

- 반말함
- 돈 던짐
- 화장실 못 가게 함
- 물류 검품 못 하게 함
- 점심 못 먹게 함
- 진상 부림
- 문 열어놓고 감
- 진열 엉망진창 만들고 감
- 바코드 찍기 전에 돈부터 내밈
- ver.2 물건은 이미 가방에 담고(혹은 손에 쥐고) 돈만 줌
- 행사 상품 안내 오독하고 짜증냄

편의점 알바노동자 H가 페이스북에 쓴 글이다. 손님 입장에서는 매우 기분이 나쁠 수도 있지만, 편의점 알바의 처지를 적나라하게 보

여주고 있다. 하지만 현실은 이 SNS 속의 한탄보다 더 극적이다. 2016년 6월 4일 밤 11시, 한 편의점에 취객이 문을 열었다. 곧이어 그는 알바노동자의 머리채를 잡고 욕설을 퍼부었다.

"담배를 사셨는데 술에 취한 상태라 발음이 좀 어눌했어요. 그래서 담배를 제가 못 알아들어서 다시 알아듣고 골라 드렸는데 담배를 못 알아들어서 저한테 화를 내기 시작하시더라고요. (중략) 계속 제 반응이 마음에 안 드셨는지 계속 욕을 하시면서 저한테 시비적인 말투로 하시다가 그래도 계속 안 가시고 저한테 욕을 하니까 저도 화나서 서로 말다툼 좀 하다가 갑자기 오셔서 머리를 잡아 뜯었거든요."[5]

이 알바노동자는 편의점 이미지에 피해가 갈까 봐 꾹 참았다고 한다. 피해가 점주에게 갈 것을 우려해서다.

2016년 9월 8일 펄펄 끓는 라면을 편의점 알바노동자에게 던지는 사건이 발생한다. 알바노동자는 목에 2도 화상을 입었다. 손님은 알바노동자가 전자레인지 사용법을 제대로 알려주지 않아서 화가 났다. 2016년 12월 14일 새벽에는 경북 경산의 35세 알바노동자가 흉기에 찔려 살해됐다. 알바노동자가 봉투 값을 달라고 하자 화가 난 손님이 집에서 흉기를 들고 다시 찾아와 살해했다. 알바노조가 전·현직 편의점 알바노동자 368명을 대상으로 조사를 벌인 결과 폭언·폭행을 경험한 이들은 67.9%였다. 약 70%의 노동자들이 폭언과 폭행을 당했다. 왜 이렇게 편의점에서 많은 알바노동자들이 폭언과 폭행을 당하는 것일까?

위 사건들은 손님들이 존중받지 못한 분노를 표출한 경우다. 하지만 사실 이들의 분노는 편의점 알바노동자로부터 온 것이 아니다. 직장에서 받은 스트레스일 수도 있고, 지인과 가족의 무시일 수도 있다. 그렇다면 왜 이런 화를 편의점 알바노동자에게 푸는 것일까? 여기엔 우리 사회의 뿌리 깊은 노동자 혐오가 깔려 있다. 편의점 알바노동자는 나보다 하층 인간이다. 그런데 그런 인간에게 무시당했다는 분노가 폭력으로 표출되는 것이다. 내가 제어할 수 있을 것 같은 사회적 약자에 대한 폭력 행사가 거대한 권력이나 보이지 않는 시스템에 맞서는 것보다 쉽기 때문이다. 이렇듯 갑질은 부자들이나 성격이상자들의 전유물이 아니다. 소비 이외에 존중받을 것이 없는 사회, 즉 물질적 소유 이외에 존중의 자격이 주어지지 않는 사회에서는 갑질 문화가 판을 칠 수밖에 없다. 과거 신분의 자리에 돈이 들어왔을 뿐이다. 이 돈은 자본주의 사회에서 능력을 뜻한다. 따라서 갑에게 피해를 당하는 을도 1,000원짜리 요구르트를 살 수 있다면 언제든지 왕의 자리에 앉을 수 있다.

물론 왕과 같은 권력을 가진 사람보다는 인생이 고달픈 손님이 훨씬 많다. 그러다보니 새벽에 편의점 문을 열고 들어와 알바노동자에게 감정을 쏟아 붓고 가는 사람들도 많다. 좋은 형이나 어른이 되고 싶은 아저씨들의 잔소리가 편의점에서도 울려 퍼진다. "언제까지 여기서 알바나 할 거냐"에서부터 학교와 나이, 고향을 묻기도 하고, 자신의 잘나갔던 과거를 회상하기도 한다. 이런 손님들은 알바노동자들의 인생 상담사가 되고 싶어 하지만, 알바노동자에게는 그저 진상 손님일 뿐이다. 우리는 이것을 종종 서비스 노동자의 숙명으로 지나쳐버리곤 한다. 하지만 인생 상담과 잔소리 듣기는 계약서에 적혀 있지 않다.

2016년 한 포털에서 '편의점 폭행'으로 기사를 검색하니 약 1,004건이 떴다. 이 정도면 우리 사회가 편의점 폭행에 대해 잘 알고 있다고 볼 수 있다. 그런데도 사건이 끊이지 않는다는 것은 사회가 위험을 방치하고 있으며, 위험의 결과를 온전히 알바노동자에게 전가하고 있다는 뜻이다. 알바노동자들도 어느 정도 이런 위험을 감수하고 일을 한다. 편의점은 알바노동자의 위험 감수를 무상으로 구매하고, 알바노동자 역시 자신의 위험을 시간당 최저임금으로 퉁치며 무상으로 제공한다. 우리가 얻는 편의 역시 알바노동자 개인의 위험 감수로부터 얻는 혜택이다. 이 위험에는 성폭력도 포함된다.

"예쁜아, 여기 야한 CD 있니?"

"룸살롱에서 일하게 생겼다."

"너는 젊어서 오빠 맛을 모르는 거야."

"10만 원 줄 테니 나랑 자자."

설문 조사에 응한 여성 노동자의 증언이다. 편의점 노동자 10명 가운데 1명은 성희롱 경험을 갖고 있었다. 이런 성희롱들은 순간적으로 지나간다. 녹음을 하기도, 단호하게 대응하기도 힘들다. 게다가 대부분 혼자서 일하지 않는가. 어렵게 증거를 확보해 적극적으로 대처한다 하더라도 어떤 결과가 돌아올지 알 수 없다.

남성이라고 해서 이런 성추행의 위험으로부터 완전히 자유로운 것은 아니다. 편의점 알바노동자 H가 페이스북에 쓴 글이다.

"그 사람은 사귀자고 몇 번을 말하고 나서야 살 물건들을 찾으러 갔습니다. 자기랑 키스 한 번만 하자고 그러더라고요. 내가 더 이상 참을 수 있는 수준이 아니었고, 너무 화나고 수치스러워서 빨리 물건 갖고 나가라고 했습니다. 그러자 그게 아니라며, 너무 잘생겨서 그렇다고 키스 한 번만 하자고 했어요. 그런데도 진짜 칼 맞을까 봐 욕은 못하고 경찰 부르기 전에 나가라고 했습니다. 그제야 손님이 욕을 지껄이며 나가더라고요. 손님이 나가고 나니 다리에 힘이 풀렸습니다. 너무 무섭고 모욕적이었고 수치스러웠고 진짜 말로 다 할 수 없는 서러움이 찾아왔어요."

이런 폭언과 폭행의 가해자가 손님이라고만 생각하면 큰 착각이다. 사장은 또 다른 위험이다. 2016년 11월 광주에서는 자신이 고용한 노동자의 임금을 가로채고, 그의 아내까지 수차례 성폭행한 편의점 점주가 구속되는 사건이 벌어졌다. 2016년 1월에는 "증정품을 몰래 먹었으니 얘기 좀 하자"라며 알바노동자를 창고로 끌고 가 성폭행을 시도한 사건이 있었다.

이러한 사건들의 배경에는 한국 사회의 뿌리 깊은 성차별적 문화 외에도 편의점 알바노동자의 고립된 노동 형태가 있다. 알바노동자는 4분에 한 명씩 와서 바코드를 찍고 가는 손님, CCTV로 업무 지시를 내리는 사장, 잠깐 인수인계를 하는 다음 시간 알바노동자, 맞은편 편의점 알바노동자와 연결되기 힘들다. 그야말로 1인 노동이다. 맥도날드 노동자가 컨베이어 벨트를 돌리는 로봇이라면, 편의점 노동자는 홀로 서 있는 자판기다.

건강을 팝니다

일하면서 밥이라도 편안하게 먹고 싶다는 생각을 자주 한다. 요즘은 점심시간만이라도 직장 상사, 동료들과 떨어져 혼밥을 즐기고 싶어 하는 직장인들이 늘고 있다. 편의점은 혼밥족들이 자주 찾는 곳이다. 그러나 정작 편의점 노동자는 혼밥을 즐길 수 없다. 점심시간이 따로 없기 때문이다. 한 시간 동안 밖에 나가서 밥을 먹는 편의점 알바노동자는 세상에 없다. 편의점 알바노동자의 식사 시간은 폐기 음식을 게 눈 감추듯 먹는 잠깐의 순간이다. 손님이 오면 그마저도 식사를 중단하고 계산을 해야 한다. 이것은 법적으로 휴게 시간이 아니다.

휴게 시간이란 사용자의 지휘, 관리, 감독 아래서 완전히 벗어나 노동자가 자유롭게 갖는 자신만의 시간이다. 밥 먹다가 일하는 시간은 당연히 노동시간이다. 식당에서 일하는 노동자들도 밥 먹다가 손님이 오면 벌떡 일어나 주문을 받고 음식을 만들러 주방으로 간다. 당연히 근로기준법 위반이다. 이 사실을 본사가 모를까? 이런 식으로 식사를 하게 되면 당연히 위장 관련해서 탈이 날 수밖에 없다. 눈칫밥도 이런 눈칫밥이 어디 있을까.

편의점 노동자의 몸을 갉아먹는 요인은 또 있다. 법 위반은 아니지만 위반이라고 말하고 싶은 야간수당 미지급이다. 편의점은 5인 미만 사업장이다. 보통 1~2명이 교대로 일을 하므로 상시 근로자가 많아야 2~3명 정도다. 5인 미만 사업장은 야간수당을 지급하지 않아도 된다. 본사가 프랜차이즈 사업을 하면서 얻는 금전적 이익 가운데 중요 부분이다. 편의점 종사자를 본사가 직접 고용하는 직영점 형태였다면, 본사의 영업이익이 줄어들었을 것이다. 아마 24시간 영업 형태도 재고할 것이다. 자신에게 수익을 가져다주기 위해 밤새 일을 하지만 야간수당과 연장휴일, 연차수당 등을 주지 않아도 되는 20만 명의 노동자가 있다니 이렇게 매력적인 사업이 어디 있겠는가. 당연히 피해는 고스란히 알바노동자에게 간다.

젊은 노동자들은 젊은 신체로 이걸 극복한다지만, 이후 몸에 있을 부작용은 측정조차 어렵다. 만약 암과 같은 큰 병을 얻게 되면 지금까지 모은 임금은 다 날아간다. 일상적으로 들어가는 약값은 또 어떤가. 편의점 본사는 최저임금으로 알바노동자들의 건강을 구매해서 돈을 벌면서 산업재해의 위험과 비용을 노동자들에게 전가하고 있는 건 아닐까?

이와 관련한 유의미한 조사가 있다. 한국 최초의 에볼라 의사로 유명한 국경없는의사회 소속 정상훈과 서울 마포 지역의 하윤정 국회의원 선본이 2016년에 함께 진행한 '야간 알바노동자들의 건강 실태 조사'다. 편의점뿐만 아니라 피시방, 노래방, 당구장 등의 대표적인 야간 알바노동자들을 찾았다. 응답자는 59명으로 표본이 많지는 않다. 하지만 단순 설문 조사가 아니라 심층 면담을 통해 만든 결과라는 점, 의사가 함께 동행한 점을 비추어 볼 때 이후 알바노동자의 정서적 건강과 관련한 중요한 초석이 될 것으로 보인다. 조사 항목은 CES-D(The Center for Epidemiologic Studies-Depression Scale, 우울척도)를 이용한 우울감 정도, 불면증의 유무와 빈도 등이었다. 응답자 59명 중 55.9% 즉 절반 이상이 우울감이나 불면증 등 정신 건강 문제를 호소했다(33명). 전체 응답자의 37.3%는 일주일에 하루 이상 불면증을 호소했으며(22명), 이들은 일주일에 평균 4.2일 불면증을 겪고 있었다. 이중에서 일주일에 3일 이상 심한 불면증을 겪고 있다고 응답한 비율은 72.7%(16/22명)에 달했다. 정상훈의 말에 따르면 상담이 필요하거나 우울증이 의심되는 중증 이상의 우울감을 느끼는 응답자도

16.9%에 달했다(10명, CES-D 21점 이상). "일을 마치고 새벽에 집에 들어가면 술을 한 잔 마셔야 잠들 수 있습니다." 사실 편의점 알바노동자가 잠들지 못한다는 것은 그를 만나는 손님들, 곧 우리들 역시 잠들지 못한다는 뜻이기도 하다.

한편 편의점 알바의 가장 큰 매력으로 꼽히는 요인이 폐기 음식이다. 최저임금 받고 일하는 처지에 밥을 사 먹으려면 공포감마저 든다. 교통비 2천 원과 식대를 빼면 정말 손에 남는 게 없다는 생각이든다. 그런데 폐기 음식은 그냥 먹을 수 있으니 얼마나 꿀이겠는가. 그렇지만 이 폐기 음식은 큰 덫이 될 수 있다. 최저임금이나 주휴수당 위반으로 노동청에 신고를 하면 사장이 폐기 음식 섭취를 절도로 신고하는 경우가 종종 있다. 폐기 음식이라 하더라도 소유권이 사장에게 있기 때문에 사장이 먹으라고 했다는 명확한 증거가 없으면 처벌 받을 수 있다. 사장이 지나가면서 먹으라고 하거나 '버릴 바에야 내가 먹지 뭐'가 무슨 죄가 되겠냐 하겠지만, 소유권에 대한 이 강한 법적 보호야말로 자본주의의 제1원리다. 하나의 물건엔 하나의 권리, 한 명의 배타적인 권리가 있을 뿐이다. 그것이 설사 쓰레기라 하더라도 말이다.

이탈리아에서는 이와 관련해서 흥미로운 판결이 났다. 이탈리아에 사는 우크라이나 출신의 로만 오스트리아코프는 4.07유로(약5,300원) 어치의 치즈와 소시지를 훔치다 징역 6개월에 벌금 100유로를 받았다. 아마도 벌금이 더 절망적이었을 테다. 훔친 돈의 25배다. 그러나 이탈리아 대법원은 판결을 뒤집었다. "피고가 가게에서 상품을 점유한 상황과 조건을 살펴볼 때 그가 급박하고 필수적인 영양상의 욕구에 의해서 이를 취했다고 볼 수 있으며 이는 긴급 사태에 해당한다." 이런 논리가 한국에서 받아들여지기는 힘들어 보인다. 게다가 힘이 셀 것 같은 사장의 고소하겠다는 말과 경찰서에서 오는 전화가 알바노동자를 움츠러들게 한다. 가장 두려운 것은 형사처분 기록이 남아서 나중에 취업이나 공무원 시험 응시 자격이 없어질지도 모른다는 공포다.

법적으로는 문제일지 모르지만, 알바노동자가 폐기 음식을 먹으면 사실 사장에게 큰 이익이다. 기계에도 기름이 필요하듯 알바노동자가 간단하게 허기를 달래고 힘을 내서 열심히 일을 할 수 있을 뿐더러 쓰레기도 나오지 않는다. 게다가 우리 사업장은 밥도 준다는 생색을 낼 수 있다. 분명히 이런 이유로 묵인하거나 허용했던 폐기 음식 섭취를 법을 지키라는 요구에 대한 대응 수단으로 사용하는 사장을 만난다면, 알바노동자는 생애 첫 노동일 가능성이 높은 직장에서 세상의 쓴맛 먼저 보게 되는 것이다. 이때부터 알바노동자는 세상에 순응하는 법을 배운다.

근로기준법 위반의 진열대

편의점 노동자는 상대적으로 편안하다는 사회적 편견, 본사와 가맹점 사이의 불리한 계약, 사장과 알바노동자의 1:1 봉건적 관계, 연대의 가능성이 없는 고립된 사업장이라는 성격 때문에 한국의 편의점은 '근로기준법 위반의 진열대'라고 부를 정도로 무법천지다.

편의점의 근로기준법 위반은 구인 광고에서부터 시작된다. '협의 후 결정'. 여기서 협의는 다양한 의미를 가진다. 보통은 "주휴수당을 지급하지 않는데 괜찮니?"라는 말을 하기 위한 수단이다. 그런데 이런 말을 한다는 것 자체가 일종의 진보라고 볼 수 있다. 과거에는 주휴수당의 존재 자체를 몰랐기 때문이다. 주휴수당을 받기 위한 보이지 않는 알바 게릴라들의 개인적이고 산발적인 저항과 알바노조, 청년유니온 등 노동조합의 문제 제기가 변화를 만들었다고 볼 수 있다. 하지만 잠깐 이슈가 되고 지나갈 뿐 알바노동 현장에서 근로기준법이 지켜질지는 묘연하다. 심지어 "최저임금을 못 주는데 괜찮니"라는 말을 하는 사장들도 있다. 편의점 알바노동자 K의 증언이다.

"전화를 받으신 사장님은 우선 제 나이와 편의점에서 일한 경험이 있는지를 물었습니다. 그리고 맨 마지막에 '그런데 우리 가게는 손님이 별로 없어서 5,000원밖에 줄 수 없다, 괜찮냐?'라고 물었습니다. 분명 알바 사이트 구인란엔 최저시급을 보장한다고 나와 있었는데……."

알바 노동시장에서의 임금 협상은 노동조합의 임금 협상과 완전히 다르다. 우리가 사장의 "괜찮니?"라는 발화를 동의를 구하는 것으로 읽는 것과 "싫으면 나가줄래?"로 읽는 것은 큰 차이가 있다. 전자는 권력 관계를 완전히 삭제한 동등한 개인 간의 계약으로 바라보는 것이다. 반면 후자는 생활비가 부족해 일을 해야만 하는 형편, 나이가 많은 사장의 말에 토를 달 수 없는 억압적 상황, 대화 당시의 분위기 등을 고려한 읽기다. 그래서 항상 사장을 옹호하는 사람들은 "동의하지 않았느냐"라며 신의를 따진다. 그러나 신의는 동등한 관계에서만 발생한다. 약자에게 강요된 동의는 동의가 아니다. "아니오"라고 말할 수 없는 위치와 상황을 이해하지 못한다면 우리는 최저임금 이하를 받고 일하는 사람들을 영원히 이해하지 못할 것이다.

다행히 근로기준법에서는 이 권력의 차이를 인정한다. 법리상으로 노동자가 사장보다 약자라는 점을 고려한다. 가령 근로기준법보다 못한 근로 계약은 당사자가 동의했다 하더라도 무효다. 하지만 현실과 근로기준법은 너무 동떨어져 있다. 알바노조가 2016년 전·현직 편의점 알바노동자 368명을 설문 조사한 결과 편의점의 최저임금 위반율은 43.9%였다. 여기서 주목해야 하는 것은 지역별 격차다. 전라남도와 광주 지역은 79.2%, 경상북도와 대구, 강원도는 70.8%가 최저임금 이하를 지급했다. 서울은 10.5%였다. 이것을 단순히 경제적 차이라고만 할 수 있을까? 부산, 울산 등 경제적으로 사정이 나쁘지 않은 곳에서도 위반율이 44.8%나 되었다. 오히려 서울의 높은 임대료를 생각한다면 경제적 차이보다는 문화적 차이를 고려해야 할 것 같다. 임금은 협상에서 힘의 관계로 결정된다는 사실을 노동조합이 아니라 사장들이 증명하고 있다.

기본 중의 기본이라는 근로계약서도 55%가 쓰지 않았다. 대기업이 운영하는 편의점에서 근로계약서조차 쓰지 않는다는 게 도통 이해가 가지 않았다. 설사 가맹점이라 하더라도 기업이 받는 이미지 타격이 있을 텐데 말이다. 그런데 한국형 프랜차이즈에서는 노동자의 권리나 노동법은 고려의 대상조차 되지 않았다. CU가 어긴 것이 아니고 CU 가맹점주가 어긴 것이 되기 때문이다. 대구 경산에서 벌어진 CU 알바노동자 살인 사건은 이를 잘 보여준다. 사건 다음날인 2016년 12월 15일 본사 관계자와 만났을 때 "우리 직원은 아니지만, 가맹점주와 잘 이야기해서 좋게 진행이 되도록 최선의 노력을 다하겠다"라는 말을 들었다. 책임 소재에 대해 분명한 선을 그은 것이다.

본사와 점주의 계약서에는 바로 이 항목이 빠져 있다. 매장에서 일하는 알바노동자는 본사의 유니폼을 입고 "안녕하세요, ○○입니다"라고 외쳐야 하지만, 본사는 그 노동자에게 어떠한 책임도 지지 않는다. 근로기준법 위반과 노동자의 안전, 근로 조건에 대한 모든 책임을 점주에게 떠넘기고 있는 셈이다. 하지만 이익은 잘 챙긴다. 편의점 본사는 해당 매장 매출총이익(매출액에서 원가를 뺀 금액)의 30~70%를 가져간다. 편의점 점장은 그날의 매출액 전부를 본사에 송금한 뒤 다음 달에 한꺼번에 정산해서 본사로부터 지급받는다. 노동자에 대해선 책임을 회피하지만 매출만큼은 본사가 직접 관리하는 것이다. 점장이 사장인지, 매장을 책임지는 매니저인지 헷갈린다. 이렇게 불공정한 계약 관계 속에서 편의점 3사의 2016년 매출액은 약 14조 원으로 백화점 3사의 2015년 매출액(12조 원)을 앞섰다.

물론 이러한 불합리한 구조 속에서 등이 터지는 사람 역시 알바노동자다. 사장은 매출액 전액을 본사에 송금해야 하고 조금이라도 하자가 있으면 계약 해지 등의 불이익을 당한다. 그래서 예민한 것이 시재다. 시재의 사전적 뜻은 '당장에 가지고 있는 돈이나 곡식'이다. 즉 정산이다. 계산대에 들어가 있는 돈과 포스기에 찍힌 돈에 차이가 없으면 된다. 그런데 이게 안 맞을 때가 있다. 현금으로 계산하다 보니 손님이 적게 돈을 줬는데 모를 수도 있고, 알바노동자가 거스름돈을 많이 줬을 수도 있다. 빠르게 계산을 하거나 각종 할인 카드와 쿠폰 등으로 정신이 없으면 발생할 수 있는 실수다. 물론 느긋하게 하나하나 입력한 뒤 천천히 돈을 세어 주면 이런 실수는 나오지 않을 테다. 3~5분이면 충분히 검산까지 할 수도 있다. 그러나 계산대에서의 대화는 10초 이내로 끝나는 경우가 많다. 그리고 오래 계산하고 있으면 손님들이나 사장이 가만히 있지 않을 것이다.

이렇게 일을 하다 모자란 금액은 편의점 알바노동자가 채우거나 임금에서 제하는 경우가 많다. 당연히 불법이다. 업무상 손실이 발생한다 하더라도 점주는 일단 임금을 전액 지급하고 손실액에 대해서 민사소송을 진행해서 돌려받아야 한다. 자동차 사고도 100% 과실이 거의 없는데 시재의 모든 책임을 알바노동자에게 돌리는 것은 무리다. 돈 계산 과정에서의 착오는 알바노동자의 고의적인 잘못이라기보다는 상시적인 위험이라고 볼 수 있다. 법적으로도 시재가 안 맞는 원인이 알바노동자의 고의 또는 과실 때문이라는 것의 입증 책임은 사장에게 있다. 게다가 시재 차이라고 해봐야 보통은 100~1,000원 단위이고 아무리 많아도 10만 원 안팎이다. 10만 원 안팎의 차이가 나는 경우는 복권 당첨금 같은 평소 잘 다루지 않던 상품에 대한 지출이 있을 때일 것이다. 누군가에게 운수 좋은 날이 누군가에겐 불행의 날이 될수도 있으니, 당첨금보다 많이 받았다면 부디 돌려주기 바란다. 아무튼 이 정도의 돈을 소송에서 돌려받겠다는 사장도 잘 없을 것이다. 돈과 시간이 너무 많이 들기 때문이다. 하지만 우월적 지위에 있는 사장은 이 귀찮은 일을 "너가 알아서 해"라고 한마디 하거나, 길게 한숨 한번 쉬어주는 것으로 해결한다.

"저는 편의점 시재 16,000원 채웠습니다. '네가 가져간 거 아니냐?' 이 말 때문일까요? 문제 제기를 못하겠습니다."

편의점 알바노동자 K의 증언이다.

알바노동자가 해고되지 않기 위해서, 혹은 사장과 좀 더 좋은 관계에서 일을 하고 싶어서 투자했다고 생각할 수도 있다. 직장의 분위기와 인간관계는 노동자의 정서에 지대한 영향을 미치는 중요한 노동조건이다. 따라서 시재 채우기가 불법인 경우는 알바노동자가 일을 그만두고 문제를 삼았을 때뿐이다. 관계의 단절을 각오하지 않고서는 준법을 이야기할 수 없다. 대화는 사업장 밖에서 법적으로만 가능하다.

지금까지 살펴본 편의점의 근로기준법 위반은 맥도날드에서는 볼 수 없는 장면이다. 그러나 근로계약서 위반, 주휴수당, 휴게 시간, 시재 채우기, 폭언, 폭행 등은 다른 한국 기업에서 흔히 찾아볼 수 있는 흔한 현상이다. 알바노조가 파리바게트, 베스킨라빈스31, 던킨도넛 등 이름만 대면 잘 아는 SPC그룹의 알바노동자들을 대상으로 설문조사를 한 결과 약 90%가 근로기준법을 위반했다. 왜 이런 차이가 날까?

우선 직영 매장이냐 아니냐의 차이가 있을 수 있다. 본사가 직접 책임을 지지 않는 한국 가맹 시스템과 점주의 수익을 짓누르는 부당 거래가 합쳐져서, 점주들이 근로기준법을 위반하는 행태가 나타나고 있다. 그런데 이러한 설명만으로는 부족하다. 한국 기업들은 한국에서 근로기준법을 위반해도 사업에 커다란 타격을 받지 않는다는 구체적인 경험을 가지고 있다. 한낱 알바 노동자가 하는 문제 제기는 우습게 넘어갈 수 있다는 한국의 반노동적인 사회 문화와 솜방망이 처벌에 그치는 노동 환경이 더욱 문제다. 2016년 울산시 남구의 한 식당 사업주는 12명의 알바노동자들에게 1,200만 원 상당의 임금을 체불했다. 그는 이전에도 같은 건으로 수차례 고소를 당했으나 검찰의 약한 처벌로 계속해서 노동자들의 임금을 체불했다. 2016년 10월 4일 알바노조 울산지부가 이에 대해 기자회견을 열어 사회적 문제가 되었음에도 불구하고 그는 늘 하던 대로 무시했다. 무려 54차례에 걸친 출석 요구에도 출석하지 않다가 결국 구속됐다.

사장님? 노동자?

마지막으로 '불쌍한 사장님'에 대해 언급하고 넘어가야겠다. 사장도 생존이 걸려 있으므로 더 악착같을 수밖에 없고, 법을 어기지 않으면 운영이 안 되는 현실도 있다. 실제로 알바를 고용하지 않고 직접 편의점을 운영하다 과로사하는 사장도 있다. 누구보다도 월 매출액이 얼마인지, 사장의 수익이 얼마인지 잘 아는 알바노동자에겐 이중적인 감정이 들 수밖에 없다. 최저임금도 안 지켜주지만 불쌍한 사장님. 이 오묘한 존재에 대해 간단히 살펴보자.

이 문제의 핵심에는 본사와 맺는 계약 조건과 임대료 문제가 있다.

편의점 계약에는 보통 4가지 형태가 있다.[6] GS25를 대표로 한번 살펴보자. 편의점 업계에서는 본사가 매출총이익에서 35%를 가져가는 것이 보통이다. GS25에서는 이를 G-Type이라 부른다. 시설과 인테리어 비용은 본사가 투자하고 임대료는 점주가 부담하는 형태다. 그런데 이 매출총이익을 잘 따져봐야 한다. 매출총이익이란 판매 대금에서 원가를 뺀 것이다. 그러니까 알바노동자의 월급이나 전기세 등을 제하기 전이다. 하루 평균 180만 원의 매출을 올렸다는 편의점협회의 통계를 믿고 계산을 해보자. 한 달이면 5,400만 원을 번다. 원가가 약 70%라고 가정해보자. 그러면 1,620만 원이 매출총이익이다. 여기서 인건비는 계산하기 좋게 최저임금 1만 원으로 주 5일 8시간씩 일하는 알바노동자 2명을 오후와 야간에 고용하고, 평일 오전은 점주가, 주말에는 점주의 파트너가 일한다고 계산해보자. 계산의 편의를 위해 인건비는 420만 원, 전기세를 약 200만 원으로 잡으면 총 620만 원이다. 이걸 제하고 남은 돈은 1,000만 원이다. 여기서 아직 빼지 않은 게 있다. 바로 임대료. 월 200만 원으로 치면 800만 원이 남는다. 여기서 35%를 본사에 준다면 본사는 280만 원, 점주는 520만 원을 가져갈 수 있다. 상식적으로 이렇게 최종적으로 남는 이익을 가지고 나누는 게 합리적이지 않는가?

하지만 실제로 편의점 본사가 매출총이익 1,620만 원에서 35%인 567만 원을 가져간다. 그러면 점주가 갖는 돈은 1,053만 원뿐이다. 여기서 위에서 이야기한 인건비, 전기세, 임대료를 합친 820만 원을 빼면 233만 원이 남는다. 약 300만 원 정도 차이 난다. 물론 이것은 평균으로만 계산한 극단적인 가정이다. 평균에 못 미치는 매장이 훨씬 많고 매출액이 많은 일부 매장이 평균을 끌어올렸을 가능성이 높다. 하지만 편의점 평균 매출로 따지면 매출총이익의 분배 순서만 바꾸어도 최저임금 1만 원을 주고도 알바노동자를 고용할 수 있다. 최저임금 1만 원 노동자 3명을 고용해서 평일 24시간을 돌리고 점주는 주말에만 일을 하더라도 약 320만 원을 가져갈 수 있다.

이와 비슷한 조건의 다른 형태도 있다. 본사가 직접 안전추구형이라고 소개한 계약은 임대료, 시설/인테리어는 본사가 부담하고 그 대가로 매출총이익의 55%를 가져간다. 수익추구형은 임대료와 시설/인테리어, 개점투자비 등을 모두 점주가 책임지는 형태로 본사는 20%를 가져간다. 공동투자형은 본사가 40%를 가져가는 형태로, 임대료와 시설/인테리어 비용을 본사가 책임진다. 안전추구형은 본사가 가져가는 매출총이익이 절반을 넘어가는 형태로 점주의 위치가 사장인지 의심될 정도다. CU, 세븐일레븐 등 다른 업체도 이와 비슷하다. 수익추구형을 제외하고 순이익이 아닌 매출액의 55~35%를 가져가는 시스템 아래서 점주의 위치는 매우 모호할 수밖에 없다. 게다가 위에서도 지적했듯이 매일 매출총액을 본사에 송금한 뒤 다음 달에 이익금을 받는다. 이건 마치 월급과 같다.

게다가 24시간 편의점을 운영하다 보니 매출이 웬만큼 나오지 않는 이상 사장이 상당 시간을 직접 일할 수밖에 없다. 하지만 사장 신분이라서 근로기준법의 보호를 받지 못한다. 많은 편의점주가 과로로 죽거나 자살을 선택하는 이유도 여기에 있다. 근로기준법의 보호를 받지 못하는 사장의 얼굴을 한 노동자들이 점점 더 늘어나고 있는 셈이다. 흥미롭게도 편의점 계약의 갱신 기간은 2~5년이다. 폐점율도 매우 높은데, CU에서는 편의점이 '3년 생존률이 가장 높은 직종'이라고 소개한다. 3년 동안 살아남는 게 자랑이 되어버린 한국 자영업의 현실이다. 어쩌면 미래에는 '비정규직 사장님'이라는 쓸쓸한 용어가 통용되지 않을까?

요약해보자. 편의점은 누구나 손쉽게 창업할 수 있는 대표적인 프랜차이즈 업종이다. 덕분에 본사는 상당한 이익배분율을 챙긴다. 이 이익배분율을 챙겨주기 위해 가맹점주는 알바노동자에게 최저임금 이하의 임금 지급, 주휴수당 미지급 따위의 원시적인 방법을 동원해 생존을 모색한다. 세련된 프랜차이즈 방식의 임금 할인도 있다. 본사는 자기 회사의 유니폼을 입은 알바노동자가 자기 직원이 아니라 가맹점주가 채용한 알바노동자라고 주장한다. 덕분에 야간수당을 주지 않고도 편의점으로부터 24시간 내내 이익을 뽑아낼 수 있다.

이런 편의점 산업이 흔들리고 있다. 최저임금 인상 때문이다. 살아남으려면 이제 가맹점주는 본사와 협상을 벌일 수밖에 없다. 법을 어기면서까지 알바노동자의 돈을 떼먹는 것으로는 인상된 최저임금을 감당할 수 없기 때문이다. 가맹점주들이 죽겠다고 소리치고 본사가 그 목소리를 듣기 시작했다. GS25는 2019년부터 G-Type의 내용을 바꾼다. 본사가 가맹점의 매출총이익에서 35%를 가져가던 것을 27%로 낮추기로 했다. 물론 본사의 전기료 부담과 영업활성화지원금 등도 함께 줄인 것이라서 그 효과가 어떻게 나타날지는 아직 미지수다. 하지만 매출총이익 비율 조정은 상당한 변화라고 할 수 있다. 병이었던 알바노동자의 요구가 갑과 을의 관계를 변화시킬 수도 있게 되었다. 지금까지 구조조정하면 모두 노동자를 해고하는 것부터 떠올렸다. 경영진이 노동자에게 칼을 휘두르는 하향식 구조조정이다. 이제는 노동자가 산업 전체를 향해 칼을 휘두르는 상향식 구조조정도 상상해볼 수 있지 않을까? 기업과 주주의 이윤이라고 자르지 못할 이유가 없다.

4

여성 알바노동자가
사는 법

면접 때 화장을 하고 갔다. 일주일 후에 연락준다더니 바로 합격되었다.

일 시작할 때 생얼로 갔더니 '예뻐서 뽑았더니 뒤통수를 맞았네……어쨌네……'라며

사기꾼으로 몰아가더니 화장이 규칙이라 했다.

한국인들 사이에서 가장 많이 언급되는 국제

기구는 유엔이 아니라 OECD(Organization for Economic Cooperation

and Development, 경제협력개발기구)이지 않을까? OECD 각종 지표의

평균을 갉아먹는 주역이며, OECD가 발표하는 그래프에서 가장 도

드라지게 눈에 띄는 나라. 가끔 OECD 홈페이지를 접속해 보는데,

정말 우연히도 메인 페이지에서 한국이 압도적으로 튀어나와 있는

그래프를 발견했다. 'gender wage gap(성별 임금 격차)' 36.6%. 흥미

가 돋아 2000년부터 훑어봤다. 한국은 무려 41.7%, 일본은 33.9%를

기록하고 있었다. 일본은 2013년 26.59%로 7% 정도 임금 격차가 줄

어드는데, 한국은 36.6%로 5% 정도 줄어드는데 그쳤다. 한국의 경우

2011년 36.56%였던 격차가 2013년 36.6%, 2014년 36.7%로 오히려

상승했다. 단순히 임금 격차의 크기보다 변화의 가능성이 보이지 않

는다는 점이 더욱 절망적이다. 그러니까 한국은 남성이 100만 원을 벌면 여성은 64만 원을 버는 사회가 고착화될 가능성이 높은 나라다.[7]

눈에 띄는 통계는 또 있다. 한국은 저임금 노동자 비율이 OECD 소속 국가 가운데 두 번째로 높다. 2009년까지 1등을 유지하다가 만년 2위였던 미국에게 2010년부터 자리를 내줬다. 아마도 2008년 미국발 국제 금융 위기의 영향으로 보인다. 그래봐야 1~2%의 아슬아슬한 차이다. 저임금 노동자는 중위임금의 2/3 미만을 받는 노동자를 말한다. 중위임금은 쉽게 말해 50등의 임금이다. 한 나라의 임금노동자를 100명이라고 했을 때 50번째로 임금을 받는 사람과 비교해서 2/3보다 적으면 저임금 노동자로 분류한다. 이 저임금 노동자의 비율은 흔히 선진국이라는 유럽 국가들에서도 일정하게 유지되고 있다. 독일은 물론이고 핀란드, 덴마크를 비롯한 스칸디나비아 반도의 선진국들조차 1~2% 오르거나 내리는 정도의 변화만을 보일 뿐이다. 정도는 다르지만, 일정한 경제적 불평등이 전 세계적으로 고착화되고 있는 셈이다.

한국은 늘 24~25% 정도를 기록하고 있다. 노동자 4명 중 1명은 저임금 노동자다. 이 숫자는 경기 변화와 크게 상관없이 계속 유지되고 있다. 더 놀라운 사실이 있다. 25%를 유지하는 결정적인 비결이 여성 노동자의 저임금이다. 2014년에 남성 저임금 노동자는 15.4%,

여성은 37.8%. 2007년엔 남성이 18%, 여성이 41%였다. 우리가 빈곤이나 실업 이야기를 할 때 가부장이 되지 못한 남성을 주인공으로 내세우는 경우가 많은데, 실제로는 여성이야말로 주인공이다.

그래도 선뜻 믿음이 가지 않는 사람들을 위해 2016년 여성가족부와 통계청이 발표한 〈2016 통계로 보는 여성의 삶〉을 펼쳐보자. 2015년 여성 고용율은 49.9%로 한국 평균 60%보다 10% 정도 낮다. 남성은 71.4%. 남성 비정규직은 25.5%인데 비해 여성 비정규직은 40.3%다. 비정규직 가운데 시간제 근로자는 남성 21.9%, 여성 47.7%이다.

통계를 간단히 정리해보자. 한국 여성이 10명 있다고 했을 때 5명은 경제 활동에 참여하지 못한다. 경제 활동 참여자 5명 중 1명은 자영업자, 4명은 임금노동자로 일하며 그 가운데 2명이 비정규직이다. 그리고 2명의 비정규직 중 1명은 시간제 노동자다. 그러니까 한국에서 여성으로 태어나면 두 명 중 한 명은 취직을 못하며, 취직을 하더라도 절반이 비정규직이다. 비정규직 중에서도 안정적으로 주 5일 근무하는 비정규직이 아니라 시간제 노동자가 될 가능성이 높다. 여기서 저임금, 비정규직, 시간제 노동자는 바로 알바노동자를 가리킨다. 즉 알바노동자의 다수는 여성이다.

이러한 경제적 곤란함 외에도 여성 알바노동자들은 복합적인 어려움에 처해 있다. 여성 알바노동자에겐 노동자가 되는 것 자체가 과제다. 사회는 여성 노동자에게 유독 꽃의 역할을 부여하려 한다. 꽃을 성(性)이라고 읽어도 무방하다. 꽃은 꺾어야 할 대상, 즉 남성의 대상이다.

'용모 단정'이라는 전가의 보도

2016년 여름, 저가의 생과일주스를 판매해서 인기를 모으던 한 프랜차이즈 가맹점에서 올린 채용 공고가 화제가 됐다. 외모에 자신 있으신 분만 연락 달라는 공고였다. 주목해야 할 점은 그 뒤의 '다른 일 안 하시고 계산만해주시면 됩니다'라는 문장. 여기서 '다른 일 안 하시고'는 외모가 좋은 사람을 업무에서 우대한다는 뜻일 테다. 계산에서 가장 중요한 것은 외모이며, 소위 '좋은 외모'를 가졌다면 손님이 볼 수 있는 계산대에 항상 서 있는 것이 가장 중요한 일이다. 2016년 최저임금은 6,030원인데 이 공고의 시급은 7,000원이다.

이 공고는 '모델나라' 사이트에도 올라가 있다. 그런데 여기에는 시급이 1만 원이다. 이에 대해 사장은 나와의 대화에서 "모델이 되기 위해 노력한 대가"라고 설명했다. 몸을 가꾸는 데 투여한 에너지와 시간에 대한 대가를 이야기하는 것 같다. 하지만 계산 업무와 외모가 무슨 상관일까? 이런 논리는 다음과 같다. '예쁘고 잘생기면 손님들이 몰린다.' 뒤집어 생각하면 이 말은 손님이 알바의 외모를 보고 상품을 선택한다는 이야기와 같다. 손님의 선택 역시 모욕하고 있는 셈이다. '좋은 외모'를 지닌 사람만 취직할 수 있고, 하는 일은 똑같은데 외모 때문에 임금 차이까지 생긴다면 심각한 차별이 아닐 수 없다. 그래서 한국은 '남녀고용평등과 일·가정 양립 지원에 관한 법률' 제7조 제2항에서 '사업주는 여성 근로자를 모집·채용할 때 그 직무의 수행에 필요하지 아니한 용모·키·체중 등의 신체적 조건, 미혼 조건, 그 밖에 고용노동부령으로 정하는 조건을 제시하거나 요구하여서는 아니 된다'라고 명시했다. 물론 법과 현실은 거리가 있다.

당장 알바몬과 알바천국에 들어가서 '용모 단정'을 검색하면 수십 개의 채용 공고가 뜬다. 용모 단정 옆에는 대개 '여성'이 붙는다. 카페, 당구장, 술집 등 굳이 성별과 무관한 업무에서도 용모 단정한 여성을 뽑는다. 이 용모 단정이라는 전가의 보도는 의외의 효과를 낸다. 구직자로 하여금 자신이 자격이 되는지를 검열하게 만든다. 그 결과 사장은 두 가지 이점을 얻는다. 스스로 자격을 의심하는 노동자를 손쉽게 다룰 수 있으며, 노동자들이 자격을 갖추기 위해 시키지 않아도 자발적으로 꾸미기 노동을 한다는 점이다. 화장하기, 머리 기르기, 안경 벗고 렌즈 끼기 등. 이러한 자기 검열과 자발적인 외모 가꾸기는 여성 알바노동자들의 자존감을 낮추는 또 다른 요인이다.

알바노조가 2017년 3월 8일 세계여성의날을 맞이해서 여성 알바노동자 495명에게 설문 조사를 실시했다. 그 결과 모집 공고에 외모 규정이 적혀 있는 경우가 33%로 조사되었다. 신기하게도 2016년 울산 지역 여성 알바노동자 126명에 대한 실태 조사에서도 모집 공고에 외모 관련 사항이 적혀 있다고 대답한 사람은 39명으로 약 30%였다. 모두 불법이다. 그런데도 일정한 비율로 이런 불법이 계속 저질러지고 있다. 여성 알바 노동시장에서 외모가 관습법 같은 채용 조건으로 통용되고 있다는 얘기다.

심지어는 국가에서도 외모에 따른 채용 차별을 한다. 2016년 정부는 파리에서 'KCON 2016 프랑스'라는 행사를 주최했다. 통역사 채용 조건으로 어학 능력이 아니라, '용모 중요·예쁜 외모'가 떡하니 내걸렸다. 대통령이 참석한 행사였는데도 법 위반이 벌어진 것이다.

이런 현실을 두고 "요즘 사람들이 너무 외모에만 치중하고 내면을 돌보지 않는다"라고 비판하는 사람이 있다. 성형 문제를 외모지상주의 탓으로 돌리는 사람도 있다. 모두 허공을 향해 주먹질을 하는 격이다. 이제 외모는 먹고사는 문제, 노동의 문제와 연관되어버렸다. 이력서에는 사진을 부착해야 한다. 서류 심사 단계에서부터 내 얼굴이 올라간다. 면접에서 좋은 인상을 남기기 위해 성형을 하기도 한다. 요즘은 개성이 없다는 이유로 역성형을 하는 경우도 있다. 문제는 개인의 성형 욕망에 있지 않다. 여성을 노동력뿐만 아니라 성적 상품으로까지 구매하고 싶은 노동시장과 그런 여성을 소비하는 성차별적 사회에 있다.

'화장이 예의'라는 예의 없는 사람들

채용 과정을 무사히 통과했다고 끝이 아니다. 작은 가게의 사장들은 자신의 취향과 편견에 따라 "머리를 길러라, 치마를 입어라, 안경을 벗어라"라고 한다. 대기업은 용모 단정을 매뉴얼로 정리해 알바노동자를 철저하게 관리한다. 전자는 사장에 의한 언어적·신체적 성폭력을, 후자는 알바노동자 스스로 외모를 관리하게 만드는 효과를 만들어낸다. 앞에서 살펴본 근로기준법 위반 양상이 작은 가게와 대기업에서 다르게 전개되는 것과 비슷하다.

앞서 언급한 여성 알바노동자에 대한 실태 조사에서 외모 지적과 성차별 관련해서 엄청난 증언들이 쏟아져 나왔다. 객관식 질문으로 이루어지는 설문 조사에서는 서술형으로 의견을 적는 경우가 거의 없다. 귀찮기도 하고, 웬만하면 주어진 문항에서 선택하기 때문이다. 그런데 유독 성차별 부분만 구체적으로 서술하는 경우가 많았다. 객관식 문항이나 통계만으로는 도저히 설명할 수 없는 사건들이 무수하게 벌어지고 있다는 증거다. 답변은 다섯 가지 유형으로 정리할 수 있다. 첫째, 화장이나 외모 지적 등 함께 일하는 사람 사이에서 일상적으로 벌어지는 언어적 성희롱. 둘째, 복장 외모 규정이 매뉴얼로 정해져 있고 관리자들이 이것을 감시하는 시스템적 폭력. 셋째, 성별에 따라 유니폼과 복장 규정, 업무 내용과 권한 등이 다른 성차별. 넷째, 친절 강요 등의 감정노동. 마지막으로 사장, 매니저, 직장 동료, 손님으로부터 벌어지는 성폭력과 성희롱.

가장 먼저 여성 알바노동자들 45%가 꼽은 화장이나 옷차림 등의 외모 통제에 대해 살펴보자. 이것은 일상적인 외모 지적과 회사 매뉴얼에 의한 관리로 나뉜다.

"면접 때 화장을 하고 갔다. 일주일 후에 연락준다더니 바로 합격되었다. 일 시작할 때 생얼로 갔더니 '예뻐서 뽑았더니 뒤통수를 맞았네……어쨌네……'라며 사기꾼으로 몰아가더니 화장이 규칙이라 했다."[8]

웃음 소재로도 자주 사용되는 소위 '생얼'의 대상은 언제나 여성이다. 화장을 잘 하지 않는 남성은 이미 생얼이라서 놀림의 대상조차 되지 못한다. 우리가 일상적으로 사용하는 언어에도 이런 차별적 시각이 들어 있다. '권력의 시녀'라는 표현도 마찬가지다. 나쁜 역할은 보통 여성이 맡는다. 사장들은 자주 "화장은 예의"라고 말한다. 여성의 꾸미기가 자기 관리와 노동 조건을 넘어서 인성으로까지 치환되는 순간이다.

"눈에 다래끼가 났는데도 미적 기준을 이유로 안경을 쓰지 못하고 렌즈를 착용하도록 강요했고, 예뻐야 한다는 이유로 편한 간호사 신발(푹신한 굽이 들어간 샌들) 대신 플랫슈즈를 신도록 강요했습니다. (사장이) '너 같으면 예쁜 직원이 있는 곳에서 물건을 믿고 사지, 못생긴 직원이 있는 곳에서 사겠냐'라는 말을 자주 하면서 외모를 꾸미도록 지적받았고 다리가 두껍다, 뱃살이 잡힌다, 얼굴 윤곽이 흐릿하다, 눈매가 매섭다 등등 외모 지적도 많았습니다(같이 일하는 남자 실장님은 슬리퍼 착용 등 복장과 자기 관리에 아무런 제지 없음)."[9]

화장품 가게에서 일하는 여성 알바노동자의 증언이다. 사장은 아름다움이 상품의 신뢰를 결정하는 중요한 요소라고 생각한다. 사장에게 안경이나 편안한 신발은 아름답지 않다. 그래서 여성 노동자에게 안경과 신발을 착용하지 못하게 한다. 그런데 남성 직원에게는 이런 기준을 강요하지 않는다. 이처럼 사람들의 흔한 믿음과 달리 여성의 아름다움에 대한 남성의 요구는 객관적이지도 자연적이지도 않다. 게다가 눈에 다래끼가 나서 렌즈를 착용하기 힘든 상황임에도 불구하고 안경을 착용하지 못하게 한다. 이건 폭력이다.

대기업 프랜차이즈는 이것을 매뉴얼로 만들어 노동자를 통제한다. "빕스의 경우 여자들은 승무원 어피 머리가 필수인데 이것을 하는 방법이 복잡하고 어렵기 때문에 처음 하는 알바생들은 한 시간이 걸려도 예쁘게 하기 힘들다. 그냥 리본 핀 머리 망으로 하든지 포니테일로 묶어도 충분히 단정할 텐데 스프레이까지 써가며 머리를 하는 것은 잘 이해되지 않았다."

"본사(화장품)에서 자신들의 이미지를 맞춰야 한다는 구실로 머리색, 화장 방식, 유니폼을 통제했고 미스터리 쇼퍼를 보내서 주기적으로 검사해서 제대로 지켜지지 않는 경우 물품 주문에 제한을 두는 등 불이익을 줬습니다."[10]

알바노조가 2017년에 실시한 '동일노동 동일임금 동일민낯 설문조사'에서 나온 여성 알바노동자들의 증언이다. 미스터리 쇼퍼(Mystery Shopper)의 존재가 궁금할 것이다. 손님을 가장해서 매장을 돌며 직원의 서비스를 체크하는 사람이다. 거의 모든 기업에서 활용하고 있다. 내가 일하는 곳에서도 이 평가 사항을 직접 들은 적이 있다. 배달을 가려고 햄버거를 가방에 넣고 있는데 갑자기 카운터 쪽에서 작은 목소리로 "웃으라고 했는데……"라는 말이 들려왔다. 깜짝 놀라 돌아보니 본사 직원이 카운터 알바노동자에게 웃지 않는다는 지적을 한 것이다.

미소 짓기는 정말로 중노동이다. 하루 종일 서서 정신없이 주문을 받다보면 절로 입꼬리가 내려간다. 미소를 짓게 하려면 노동자의 입꼬리를 올릴 게 아니라 노동 조건을 올려야 하지만, 그런 회사는 찾아보기 힘들다. CGV는 이 미소를 너무나 사랑한 나머지 알바노동자들에게 '미소지기'라는 이름을 붙여주었다. 그러나 역시 노동 조건보다는 외모와 얼굴을 하나하나 체크하기 바빴다.

CGV 미소지기(여) 용모·복장 기준

- **앞머리** : 이마가 보이도록 뒤로 넘기고 젤&핀으로 고정(핀 3~4개로 제한).

- **옆머리** : 귀 윗부분을 덮지 않도록 함.

- **뒷머리** : 망이 늘어지지 않도록 함. 잔머리는 젤을 사용하여 묶여 있는 머리에 고정.

- **화장** : 생기 있는 피부 화장을 반드시 하고, 눈썹 형태가 또렷이 드러나도록 함(옅은 눈 화장+붉은 립스틱 필수).

- **립스틱** : 붉은색 립스틱 사용, 윤기가 없을 경우 무색 립글로스를 덧바름.

- **유니폼 상의** : 구김 없이 다림질함. 찌든 때가 없어야 함. 반드시 흰색 러닝 착용(속옷이 비치지 않아야 함). ★세탁 : 1회/1일.

- **명찰 패용** : 왼쪽 가슴 지정된 위치에 패용. 기울이 않도록 함.

- **손톱** : 매니큐어는 지우고, 손톱은 짧게 다듬어 위생적으로 관리.

- **유니폼 하의** : 치마 시작 부분은 허리에 맞춤. 내려 입지 않도록 함. ★세탁 : 1회/3일.

- **밑단** : 무릎 뼈 바로 위로 조정(무릎 위 5cm). 뒷모습에서 무릎 선이 보이는 길이.

- **스타킹** : 커피색 착용.

- **구두** : 2~3cm 굽의 무늬가 없는 검정색 구두 착용. 구두 발등 부

분에 장식이 없어야 하며 가죽에 엠보 무늬가 없어야 함(스티커즈
×, 워커 ×, 에나멜 ×, 앞코가 뾰족한 스타일 ×). 굽이 0.5cm 이상 닳
을 경우 교체하여 착용.

★시계 외 액세서리 착용 금지, 매점 근무 시 시계 착용 불가.

붉은색 립스틱을 바르되 만약 윤기가 없다면 무색 립글로스를 덧
발라야 한다. 화장은 너무 진하면 안 되고 옅은 눈 화장이어야 한다.
생기 있는 피부 화장에 눈썹이 확실하게 보여야 한다. 모든 알바노동
자가 지켜야 하는 규정이다. 립스틱 제품을 지정한 지점도 있다. 붉은
색 립스틱을 발라야 하는 이유는 남성의 시선을 강탈하는 효과가 있
기 때문이란다. 여성 알바노동자의 업무가 무엇인지 되물을 수밖에
없다. 실제로 "입술이 빨개야 손님이 집중해서 너의 얘기를 듣는다"
라는 이야기를 들었다는 증언도 있다. 이런 외모 규정은 거의 모든 영
화관에서 가지고 있다. 이에 대해 CGV는 위의 규정은 과거의 기준이
라고 밝혔다. 그러면서 새로운 복장 규정을 자신 있게 공개했다.[11] 그
런데 그 내용도 흥미롭다. 머리카락이 어깨선을 넘을 경우 네트 핀 없
이 묶고, 당고머리 포니테일로 묶으라고 구체적으로 규정하고 있다.
특히 화장은 누드 메이크업을 하고, 붉은색 계열의 립글로스를 바르
라고 명시한다.

이 규정을 지키기 위해 여성 알바노동자들은 머리 망, 스타킹, 구

두, 립스틱을 구매해야 한다. 알바노조가 293명의 영화관 알바노동자를 상대로 벌인 설문 조사 결과 처음 영화관 알바를 시작할 때 드는 평균 비용은 약 38,000원이었다.

"그때 제가 (CGV 알바를) 구할 때 돈이 하나도 없었어요. 그래서 부모님께 빌려서 신발 단화랑, 머리 망이랑, 핀이랑, 스타킹이랑 그렇게 샀었어요. (중략) 진짜 무책임하게 내일부터 나와 그러면, 내가 지금 당장 돈이 없는데 준비를 안 해 가면 찍히니까 사 가야 하죠. 저야 돈을 빌릴 수 있었는데 만약 못 그러는 분들이 계시면 되게 당황스럽겠죠? 그리고 스타킹은 너무 비싸요. 스타킹은 계속 빵구 나서 사야 하니까. 낱개는 안 비싼데 계속해서 사니까 모이면 비싸죠."[12]

CGV만의 문제는 아니다.

"아웃백에서는 머리 망이랑 앞치마랑 7부 슬랙스가 있었는데, 슬랙스를 입으면 바지 밑으로 살이 보이면 안 되었어요. 그래서 항상 여름에도 스타킹을 신게 했어요. 검은 스타킹을 입고 슬랙스를 입게 했어요. 유니폼에는 단화, 슬랙스, 와이셔츠, 조끼, 앞치마가 있었는데, 그걸 그냥 주는 게 아니라 알바들이 돈으로 샀어요. 앞치마는 매일 출근할 때마다 대여를 해준대요. 그래서 항상 출근할 때마다 1,000원씩 넣고 빌려 입게 했어요. 30일 일한다면 하루 일당을 꼬박 내는 건데."[13]

혹자는 가이드라인 정도 아니냐고 물을 수 있다. 그렇다면 이 규정을 지키지 않으면 어떻게 될까? 위의 알바노조 설문 조사에 따르면 293명 중 238명이 벌점을 받거나 공개적인 망신, 인신공격 등의 불이익이 온다고 대답했다. 공개적인 망신이나 인신공격이 농담 수준이라고 생각하면 오산이다. "그런 얼굴 꼬라지로 일할 거면 나가세요", "너는 쌍꺼풀 수술 안 하니? 다른 애들은 쌍수다 뭐다 하는데"라는 심한 폭언을 듣는다. 가장 듣기 싫은 말은 아마도 "아파 보인다"가 아닐까? 입술 색이 옅으면 "어디 아파요? 누가 보면 병자인 줄 알겠네"라는 이야기를 듣는다. 이런 대기업의 구체적인 매뉴얼이 사회가 만들어낸 여성에 대한 편견, 매니저의 우월적 지위 등과 합쳐져 폭언과 성차별을 자연스러운 것으로 만들어버린다.

소위 '생얼 금지'가 회사 매뉴얼에 들어간 경우도 있었다. 파리바게트로 유명한 SPC가 각 가맹점에 뿌린 매뉴얼에는 '민낯 금지'라고 적혀 있다. 알바노조가 문제를 제기하자 공문을 보내왔다. 2016년 10월 17일 자로 매뉴얼을 고쳤다는 내용이었다. 하지만 고친 매뉴얼에도 '단정하고 자연스러운 메이크업'은 계속해서 명시되어 있었다. 개인의 화장을 회사가 규제해야 할 대상일까? 전미서비스노조의 닉 루디코프(Nick Rudikoff)는 한국의 이런 실태에 대해 놀라워하면서 'Make Up Strike'를 하자고 제안했다. '생얼 파업'. 미국에서는 개인의 프라이버시를 매우 중시하기 때문에 외모나 화장과 관련해서 간섭을 하면 안 되는 분위기라고 단호하게 이야기했다.

유니폼, 생리대, 진상 손님, 감정노동

남성과 여성의 복장 규정 중 가장 눈에 띄는 차별은 아마도 유니폼일 것이다. 이 차이는 노동자가 되기 위한 배움의 시기인 학창 시절 교복에서부터 시작된다. 바로 치마. 학업과 전혀 상관없는 치마가 여학생의 교복이 되고 업무 연관성이라곤 도저히 찾아볼 수 없는 치마가 여성 알바노동자의 작업복인 이유는 뭘까? 위의 여성 알바노동자 설문 조사에서 172명(36%)이 여성과 남성의 유니폼이 다르다고 답했고, 그중 137명(87%)이 유니폼이 불편하다고 답했다. 치마 때문에 동작에 제한이 있고, 유독 여성의 유니폼에만 주머니가 없어 생리대 같은 필요 물품을 가지고 다닐 수 없다고 했다. 구체적인 증언도 뒤따랐다.

"근무자의 절도 예방을 위해 주머니가 없다고 하는데 남자는 주머니가 있고 여자만 없다."

"사다리를 오르내려야 하는데 여자는 길고 나풀나풀한 치마를 입게 해 근무 시 굉장히 불편하다."

"여성 유니폼은 허리를 너무 강조해서 활동하기 불편했어요."

여성들의 몸매가 드러나는 유니폼은 매장 안에 진열된 상품 주변에 또 다른 상품을 진열하고 싶은 기업의 욕망에서 비롯한다. 물론 알바노동자가 자기만족을 위해 치마를 입는 행위는 전혀 문제되지 않는다. 규정으로 강제하고 심지어 표준으로 제시해 노동자들을 끼워 맞추기 때문에 문제다. 유니폼은 업무 표준을 만드는 데 목적이 있다. 그런데 그 표준이 성별에 따라 다르게 제시된다면 차별이라고 할 수 있지 않을까?

적어도 국가인권위원회는 이를 차별로 봤다. 2013년 2월 4일 국가 인권위원회는 '여자 승무원이 치마 외에 바지도 선택해 입을 수 있게 해야' 한다는 권고를 아시아나항공에 내렸다. 2012년 6월 아시아나항공 승무원 노조가 국가인권위원회에 진정을 제기한 이후 8개월만의 결과였다. 3월에 아시아나항공은 이를 수용했지만, 실제 현장에서 바지를 선택하는 노동자는 찾아보기 힘들었다. 4월 첫 접수 당시 바지 유니폼 신청자는 승무원 약 3,700명 중 80명으로 전체의 2% 정도에 불과했다.[14]

성차별은 유니폼에만 그치지 않는다.

"다른 비상약품 다 있는데 생리대 구비 안 해놓는 것도 힘들어요. 생리대를 구비해놓자고 건의했으나 그런 건 여성이 챙겨야 할 일이라며 거절당해서 매우 상처받았고 의문이 듭니다."[15]

생리휴가도 제대로 쓰지 못하는 상황에서 생리대라도 제대로 구비해놓으면 좋겠지만, 생리는 개인이 책임져야 할 영역일 뿐이다. 한 여성 알바노동자는 생리대를 갈 시간도 없이 바삐 일하다 생리혈이 새는 경우도 있었다고 증언했다. 생리는 가임기 여성 대부분이 경험하는 것으로 여성의 사회 참여에 있어 반드시 고려해야 할 요소다. 이와 관련해서 2016년 4월 총선에서 서울 마포구의 하윤정 후보가 주목할 만한 주장을 했다. 무상 생리대. 생리를 사회가 함께 책임져야 할 중요한 요소로 본 것이다. 이때는 엄청난 비난을 받았지만 이후 생리대가 없어 신발 깔창으로 생리대를 사용한 여학생의 사연이 소개되고, 너무 높은 한국의 생리대 가격이 문제 되면서 사회적인 의제로 떠올랐다.

또한 성차별 문제에 있어 여성 노동자들이 느끼는 열패감 가운데 하나가 진상 손님의 차별적 반응이다. 위의 설문 조사에서 절반 이상의 여성 알바노동자가 '진상 손님 통제'를 가장 힘든 일로 꼽았다.

"한번은 쉬는 시간에 너무 멘탈이 나가서 같이 일하는 오빠한테 막 하소연을 했어요. '아, 손님이 욕했다'부터 시작을 해서 막 얘기를 하니까 안 믿더라고요. '아, 진짜?'라면서 '난 한 번도 그런 적 없는데' 하는 거야. 저보다 카운터 일을 훨씬 더 오래 일한 오빠가. 그래서 자기는 주문 받으면서 기다리라는 손동작만 해도 손님들이 기다려준대요. 남자 손님이건 여자 손님이건 상관없이. 너무 충격적인 거예요. 그런데 이게 물어보면 오빠들은 다 그냥 잠깐만 기다리라 얘기만 해도 아무런 문제가 없다는 거예요. 여자애들만 손님한테 욕 들었다. 그래서 진짜 와 진짜 그지 같다……."[16]

성별과 업무가 연관되어 있다고 여기는 영역에서는 더 심하다.

"주차장 관리는 여자들이 잘 하지 않아요. 여자들은 차에 관해 잘 모른다고 생각해서 손님들이 무시하는 경우도 많았고. 언제는 비가 오는 날에 주차장이 만차라서 차들을 다른 층으로 보내려고 했어요. 그런데 위층으로 올라갈수록 매장과 멀어지니까 잘 안 올라가려고 한단 말이에요. 그렇게 안 올라가려는 차가 많으면 많을 수록 뒤에 차가 밀리고 컴플레인이 더 많아지거든요? 그런데 안 올라가려는 차는 거의 다 운전자가 남자였고, 나이가 좀 많은 나이 대고 그랬는데 이제, 젊은 여자가 안내를 하고 있으면 무시하면서 더 막 들어오려고 하고 불편한 거 싫다면서 소리치고 하다가 남자 점장이 나와서 얘기하면 그렇게 안 하시고 제대로 착하게 말씀하시고 그랬어요. 저 빼고 다 남자들이었는데, 저 있을 때만 그런 일이 있으니까⋯⋯."[17]

여자들은 차에 대해 잘 모르고 운전이 미숙하다는 편견은 여성 버스 기사나 택시 기사를 무시하는 태도에서도 나타난다. 2016년 12월 22일에는 여성 버스 기사가 운전하던 버스가 끼어들기를 했다며 남성 택시 기사가 보복 운전을 했다. 차선을 변경한 여성 운전자를 세운 뒤 본네트를 망치로 내리친 사람도 있다.

이것은 일터에서의 폭언, 무시와도 연관되어 있다. 콜센터에서 일하는 사람은 대부분 여성이지만, 기계와 관련한 상담은 남성이 한다. 인터넷 설치나 고장 관련 업무 안내가 대표적이다. 한국에서만 벌어지는 특수한 현상은 아니다. 2017년 3월 15일 〈허핑턴포스트〉에서는 헤드헌터로 일하는 마틴 슈나이더의 트위터 글을 보도했다.

> "실험을 했다. 2주 동안 이름을 바꾼 거다. 난 고객에게 보내는 이메일에 내 이름을 니콜로 적었다. 니콜은 내 이름을 적었다. 그런데 정말로 ×같았다. 지옥에 빠진 느낌이었다. 내 질문, 내 조언. 모든 게 논란이 됐다. 잠자면서도 처리할 수 있는 쉬운 일인데도 내 업무 능력을 고객들은 우습게 여겼다. 한 사람은 나보고 싱글이냐고 물었다."[18]

니콜은 그의 여성 직장 동료였다. 니콜은 남성으로 변신한 뒤 최고의 실적을 올렸다. 많은 사람들이 여성이 받는 성차별에 대해 이야기하면 역차별이라고 말하기도 한다. 알바 현장에서 대표적으로 나오는 논리는 무거운 짐을 옮기는 등 남성에게 더 힘든 일을 시킨다는 것이다. 이것을 차별로 인정한다 하더라도 차별의 양상이 완전히 다르다. 남성은 자신의 고생을 생색낼 수 있는 주체적이고 능동적인 과제를 부여받는다. '내가 이렇게 무거운 걸 옮겼어. 이렇게 힘든 일을 해냈어.' 반면 여성은 늘 타인의 시선을 기준으로 수동적인 과제를 부여받는다. '내가 손님에게 예쁘다는 말을 들었어.' 무엇을 차별이라고 해야 할까? 중요한 것은 누군가는 '노동자'로 인정받고, 누군가는 다른 사람을 기분 좋게 하는 '인형'으로 인정받기를 요구받는다는 사실이다.

이제는 잘 알려진 문제지만, 감정노동 역시 주요한 의제다. 주로 진상 손님에 대한 노동자의 감정노동과 여성들에게 강요되는 미소·웃음·친절 강요 등이다. 심지어 많은 사람들의 믿음과는 달리 과도한 친절 때문에 불평을 듣는 경우도 있다. 2015년 감정노동자 보호 입법을 위한 전국네트워크가 실시한 '감정노동자 의식·실태 조사' 결과에 따르면 2,244명의 응답자 중 약 74%는 과도한 친절 때문에 고객들로부터 불평을 들은 경험을 가지고 있었다. 기업의 서비스와 친절에 대한 강요는 수요자들의 요구보다는 공급자들이 가진 사회적 통념에서 비롯되었을 가능성이 높다. '여성 노동자들의 역할은 친절이다'라는 사회적 편견과 고정관념, 더 나아가 노동자들의 표정 하나하나까지 통제하고 싶은 욕구가 이 같은 과도한 감정노동을 낳은 건 아닐까? 이것은 곧 고분고분한 노동자를 만드는 일로 이어지기도 하다.

"간식을 준다고 해서 올라갔는데 아무도 빵을 자르지 않고 있어서 빵을 잘랐더니 '이래서 여자가 있어야 한다'라고 말했다. '저 여학생의 따뜻한 모습을 보았냐'라고 말하는 거예요. 옆에 있는 남자는 '보았습니다'라고 하고, 그러면서 '학생. 남자 친구 있냐?'라고 묻더라고요"[19]

진상 손님은 누가 봐도 업무 중에 확연하게 드러나는 문제다. 하지만 휴식, 회식, 식사 시간에 여성 노동자에게 강요되는 역할 문제는 잘 드러나지 않는다. 소위 직장 내에 '좋은 분위기'를 만들어줄 것을 기대하고 여성을 고용하는 경우도 많다. 웃지 않으면 "너는 여자인데 왜 친절하게 안 대하니? 여자니까 사근사근하게 대해야지"라는 말을 듣기 십상이다. 즉 여성의 감정노동은 4시간의 노동 뒤에 주어지는 30분의 휴식 시간에도, 밥을 먹는 시간에도 이어진다. 여성의 미소에는 퇴근도 휴식도 없다.

여기에 꼭 기록해야 할 존재가 있다. 성소수자는 사실 자기 목소리를 내는 것조차 힘들다. 우연히 사장이 알바노동자가 성소수자인 것을 알아챘고, 성소수자를 혐오해서 해고를 했다고 가정해보자. 그렇다면 이때 성소수자가 쉽게 항의할 수 있을까? 내가 성소수자라서 해고당했다고 말하는 순간, 커밍아웃이 된다. 우리 사회에서 커밍아웃은 수많은 편견과 차별에의 노출을 의미한다. 당연히 제대로 목소리를 내기 어렵다.

직장 내 성희롱

남녀고용평등과 일·가정 양립 지원에 관한 법률 제2조 제2호는 "직장 내 성희롱이란 사업주·상급자 또는 근로자가 직장 내의 지위를 이용하거나 업무와 관련하여 다른 근로자에게 성적 언동 등으로 성적 굴욕감 또는 혐오감을 느끼게 하거나 성적 언동 또는 그 밖의 요구 등에 따르지 아니하였다는 이유로 근로 조건 및 고용에서 불이익을 주는 것을 말한다"라고 규정한다. 상당히 모호하다. 성적인 언동이나 행동은 무엇일까? 외모 평가도 해당될까? 해당된다. 법의 시행규칙에 명시되어 있다. 불필요한 논쟁을 없애려는 듯 회식 자리 등에서 술을 따르라고 강요하는 행위, 안마도 직장 내 성희롱의 예시로 명기했다. 음란한 농담(전화로도 마찬가지다)을 하거나 음란한 사진, 그림을 보여주는 것도 해당된다. 연애의 진도를 묻는 경우도 마찬가지다.

대법원은 2008년 판결에서 성희롱을 '사회 공동체의 건전한 상식과 관행에 비추어 볼 때 객관적으로 상대방과 같은 처지에 있는 일반적이고도 평균적인 사람으로 하여금 성적 굴욕감이나 혐오감을 느끼게 할 수 있는 행위'라고 정의한 바 있다. 이걸 두고 "한국 사회에서 술 따르는 게 문화지 무슨 성희롱이냐?"라고 반박해도 소용없다. 문제의 핵심은 우리 사회 특유의 직장 문화가 아니라, 피해자가 느끼는 성적 굴욕감과 혐오감이기 때문이다.

그런데 이 판결의 '일반적이고도 평균적인 사람'에는 많은 함정이 있다. 가령 성매매 여성은 성폭력 피해자가 될 수 있을까? 피해자가 너무 큰 충격에 휩싸여서 일관된 진술을 하지 못한다면? 지적 장애가 있어 자신의 의사를 기존의 언어 체계로 표현하기 힘든 피해자는? 이처럼 우리 사회가 인정하는 '일반적이고도 평균적인 사람'에 포함되지 못하는 사람은 너무도 많다. 포함되지 않는 사람의 문제가 아니라 포함시키지 않는 사회의 문제임에도, 우리는 피해자에게 평균적이고 일반적인 사람의 모습을 갖추라고 강요한다. 사회가 바라는 피해자는 평소 단정한 차림을 하고, 업무를 성실하게 하며, 성적인 경험이 적고, 성폭력 피해 때문에 괴로워해야 한다.

2018년 4월 12일 이와 관련해서 의미 있는 대법원 판결이 나왔다. 여학생들을 성희롱해서 징계 해임된 교수가 이에 불복해 제기한 소송에서 "1. 법원이 성희롱 관련 소송의 심리를 할 때에는 성차별 문제를 이해하고 양성평등을 실현할 수 있도록 '성 인지 감수성'을 잃지 않아야 하며, 피해자가 성희롱 사실을 알리고 문제를 삼는 과정에서 이른바 2차 피해를 입을 수 있다는 점을 유념하여 피해자가 처하여 있는 특별한 사정을 충분히 고려하여 판단하여야 하고, 2. 또한 법원이 어떠한 행위가 성희롱에 해당하는지 여부를 판단할 때에는 우리 사회 전체의 일반적이고 평균적인 사람이 아니라 피해자와 같은 처지에 있는 평균적인 사람의 입장에서 성적 굴욕감이나 혐오감을 느낄 수 있는 정도였는지를 기준으로 심리 판단해야 한다"라는 판결을 내렸다. 기존의 판단들을 뒤집는 진일보한 판결이다. 그러나 여기에도 결정적인 문제가 있다.

"사람들이 자꾸 만져서 '싫어요'라고 했더니 '난 안 그러는데', 그래서 '아, 예~~~'라고 했더니 '난 더듬는데' 그러더라고요. 그걸 농담이랍시고……."[20]

영화관 여성 알바노동자의 증언이다. 말을 내뱉는 순간 휙 하고 성희롱이 지나가버렸다. 이 순간에 문제제기를 할까 말까 고민이라도 할 수 있다면 나을지도 모른다. '아, 이거 좀 불쾌하네'로 시작한 생각이 한 달, 1년, 심지어 10년 뒤에 성희롱이라는 확신으로 다가오는 경우도 있다. 설사 성희롱이라는 사실을 인지했더라도 바로 문제 제기하지 않고 뒤통수쳤다고 비난받을까, 괜히 말을 해서 직장 내 분위기를 망칠까, 거짓말쟁이로 몰릴까, 아무도 공감해주지 않을까, 해고될까 등 수많은 공포와 자기 검열 때문에 목소리를 내기 힘들다. 게다가 상대가 사장이나 회사 안에서 잘나가는 사람이라면, 자신은 알바노동자고 상대방은 정규직이라면 더더욱 힘들다. 자신의 말을 지지해줄 사람들이 있을 거라는 확신이 없기 때문이다. 게다가 순간적으로 일어나는 일이기 때문에 증거를 확보하기가 너무 힘들다.

그래서 법원은 직장 내 성희롱과 관련해 정황증거와 간접증거를 인정한다. 병원 진단서나 피해자의 일기, 직장 동료의 진술서나 목격 증언, 성희롱 가해자의 평소 언행이나 동종 징계 전력, 전문 상담 기관에 의한 상담 일지 기록, 지인 또는 동료나 상사에게 한 고충 상담, 또 다른 피해자의 확인 등이다. 판례를 보면, 피해자의 진술이 구체적이고 일관될 때에는 진술 자체를 주요한 증거로 인정하기도 한다.[21] 그러므로 노동 일기를 쓰는 것이 여러모로 중요하다. 기억이 흐려질 가능성이 있기 때문에 일관된 진술을 하려면 날짜와 구체적인 상황을 기록해놓아야 한다.

　이런 언어적 성희롱뿐만 아니라 강간이 벌어지기도 한다. 2012년 10월 화성의 한 카페 점주가 알바노동자 16명에게 수면제를 먹이고 성폭행했다. 2014년 6월에는 한 국밥집에서 종업원이 동료 알바노동자를 성폭행한 사건이 있었다. 5월에는 판촉물 알바를 하던 대학생이 업주에게 성폭행을 당해 자살했다. 2015년 3월에는 당구장 주인이 내기 당구 빚을 빌미로 알바노동자를 아홉 차례에 걸쳐 성폭행한 일이 벌어졌다.

　그러나 이에 대한 처벌이나 대처는 미미하다. 2016년 1월 19일 서울고법은 10대 알바노동자를 성폭행하려 한 편의점 점주에게 집행유예를 선고했다. 이 점주는 피해자가 증정품을 몰래 먹은 것을 두고 "횡령이지만 경찰에 신고하지 않겠다"라며 창고에서 성폭행을 시도했다. 이 편의점에서 알바로 일한 다른 여성도 점주가 비슷한 시도를 했다고 진술했다. 점주는 조사 과정에서 오히려 피해자를 무고 혐의로 고소하기까지 했는데, 법원은 징역 2년과 집행유예 3년, 보호관찰과 성폭력 치료 강의 수강을 명령하는 데 그쳤다. 직장 내 성희롱을 사업주가 했을 때는 1,000만 원 이하의 과태료, 직장 내 성희롱을 한 행위자에 대한 징계나 조치를 하지 않았을 때는 500만 원의 과태료에 처한다. 과태료는 형사처분이 아니다. 피해자에게 불합리한 해고나 불리한 조치를 취했을 때는 3년 이하의 징역이나 3천만 원 이하의 벌금을 내야 한다. 직장 내 성희롱을 입증하기도 어려운데 이처럼 처벌까지 미미하니 싸울 엄두가 안 난다. 이를 방지하기 위해 성희롱 예방 교육을 의무화하고 있지만 잘 지켜지고 있지 않을 뿐더러, 10인 미만의 사업장에서는 유인물로 대체할 수 있다.

바로 우리일 수 있다

그렇다면 직장 내 성희롱은 왜 발생할까? 2014년 국가인권위원회가 발행한《성희롱 시정 권고 사례집 제6집》을 보면, 가해자가 상사인 사건의 비율이 69.3%로 10건 중 7건이 일터에서 권력이 센 사람에 의해 벌어졌다. 피해자들은 대부분 젊은 여성이었다. 한국여성민우회 일 고민 상담실에서 발간한《2016 상담 사례집》을 보면, 2016년 직장 내 성희롱 상담은 총 309건으로 전체 상담(391건) 중 79.03%를 차지했다. 여성 노동 상담의 80%가 성희롱인 셈이다. 민우회는 "직장 내 성희롱은 직위를 이용한 권력 관계의 문제이다"라고 지적한다.

민우회《2016 상담 사례집》에서 주목해야 할 것이 또 있다. 성희롱 발생 사업장 중 소규모 사업장(50인 이하)의 비율은 38.51%(119건)이다. 이에 대해 민우회는 "소규모 사업장의 경우, 직장 내 성희롱 예방 의무를 가진 사업주가 오히려 가해자인 사례가 많았다. 피해자는 신입 여직원인 경우가 많았다. 사업장의 규모가 작을수록 사업주의 권한이 크기 때문에 피해 발생 시 피해자가 대응하기 쉽지 않다. 소규모 사업장의 경우, 사내에 성희롱을 신고할 수 있는 부서나 담당자가 없는 경우가 많고, 사업주가 인사권과 경영권을 모두 쥐고 있기 때문에 실질적으로 사내에서 사업주의 행위를 규제하기 어렵다"라고 지적했다. 오히려 문제 제기를 했다가 퇴사를 당하거나 명예훼손 등 법적 조치를 당하는 경우도 많다고 한다. 따라서 직장 내 성희롱은 불평등한 직장 내 권력 관계, 뿌리 깊은 한국 사회의 성차별 문화와 열악한 노동 조건 등이 결합해 발생한다고 할 수 있다.

여기서 짚고 넘어가야 할 또 하나의 통계 자료가 있다. 여성가족부가 발표한 〈직장 내 성희롱 사건으로 인한 영향〉이다. 여성은 성희롱 행위자에 대한 반감을 느낀 경우가 50.3%로 절반이 넘는 반면, 남성은 36.3%에 불과했다. 남성의 약 47%는 특별한 영향이 없다고 답하기도 했다. 결정적으로 '나도 성희롱 피해자가 될 수 있다'라는 불안감을 느끼는 경우가 여성은 22.1%인데 반해 남성은 6%에 불과했다. 조직에 대한 신뢰, 업무 만족도 역시 남성과 여성이 큰 차이를 보였다. 여성은 조직 문화에 대한 실망감이 커지고 근로 의욕이 저하되는 등 남성에 비해 상당한 영향을 받았다. 그렇기 때문에 여성이 직장 내 성희롱을 말하는 것이 더욱 어렵다. 특히 남성 구성원이 많은 직장에서는 통계에서 보듯이 피해자가 지지받을 확률이 낮다. 성희롱이 발생하는 직장에서 여성은 제대로 일하기 힘들다.

또한 직장 내 성희롱은 엄청나게 예외적인 상황에서 질이 나쁜 일부 사람에 의해 일어난다는 통념이 있다. 하지만 여성가족부가 조사한 바에 따르면, 직장 내 성희롱 사건 중 출장 등 외부 미팅에서 발생하는 경우는 1.4%, 야유회와 워크숍에서는 2.7%에 불과하다. 나머지는 일상적인 회식 장소와 직장 내에서 일어난다. 즉 가해자는 악마의 얼굴을 한 이상한 사람이 아니라 바로 우리일 수 있다.

알바노조는 2015년 12월 10일 세계인권선언의날을 맞이하여 '우리 사장님, 매니저는 어떤 사람인가?'라는 설문 조사를 했다. 100여 명이 참여한 설문 조사에서 다음과 같은 증언이 쏟아져 나왔다.

"회식 자리였습니다. 사장이 저에게 '일본 영화에 나오는 누구를 닮은 것 같다'고 하자, 옆에 있던 다른 직원(여성)이 '혹시 야동에서 보신 거 아니냐'고 했고, 다들 웃었습니다. 사장은 또 저에게 '○○ 씨가 평소에 옷을 좀 일본인처럼 독특하게 입고 다니시는 것 같다. 자기만의 스타일이 있다'고 한 뒤에, '얼굴은 솔직히 ×× 씨가 제일 예쁜데, 몸매는 ○○ 씨(저)가 제일 나은 것 같다'고 했습니다. 그 후에도 저더러 '안경 벗고 화장하면 정말 예쁠 것 같다'는 등 계속해서 외모 품평을 이어갔습니다. 사장은 남성이고 직원은 모두 여성인 회사였습니다."

이와 관련해서 내가 목격한 인상적인 장면이 있다. 배달을 할 때 일부 남성 손님들은 속옷만 입고 햄버거를 받으러 나오는 경우가 있다. 여성 알바노동자는 배달을 하지 않는다는 통념 때문이다. 타인의 시선을 신경 쓰지 않는 모습이기도 하다. 반면, 여성 손님들은 손만 내밀어서 햄버거를 받고 계산을 하곤 한다. 배달도 마음 놓고 시킬 수 없는 것이다. 단 한 번도 생각하지 못한 장면이었다. 위치가 다르면 풍경이 달라진다고 하는데, 나는 그동안 다른 풍경을 볼 수 있는 위치에 선 적이 없었던 셈이다.

이것이 이 장의 서두를 다른 장과 달리 복잡한 통계로 시작한 이유다. 나는 여성 노동, 그중에서도 사람들이 잘 다루지 않는 여성 알바노동에 대해 충분히 공감하고 이야기할 만한 능력이 부족하다. 다만 내가 확인할 수 있는 통계와 여성 알바노동자들의 증언을 전달할 뿐이다. 이 통계가 무엇을 뜻하고 증언이 어떤 의미인지를 밝힐 더 적합한 사람이 분명 있을 것이다. 내가 인용한 통계와 증언은 앞장서 싸우는 여성 알바노동자들이 있기 때문에 가능했다. 그들의 투쟁은 오늘도 계속되고 있다.

5

법외노동

비록 종이 한 장이지만 그마저도 갖지 못한다면 어디에서 일을 한다 해도

마찬가지일 것 같았습니다. 저는 제가 그곳에서 시간을 보냈었다는 사실을 보증할 만한

서류가 반드시 필요했습니다. 12월 1일 토요일, 저는 근로계약서를 요구했습니다.

사장님은 흔쾌히 써주겠다면서 잠시 뒤에는 어디에다 쓰려는 거냐고 물었습니다.

편의점을 다루면서 한국형 프랜차이즈 사업의 특징을 직영, 가맹 상관없이 근로기준법을 지키지 않는 것이라고 지적했다. 가맹점주의 근로기준법 위반은 명백한 법 위반이라 논란의 여지가 없다. 반면 대기업이 직접 책임을 지는 직영의 경우에는 근로기준법을 어기더라도 전문 노무사의 도움으로 교묘히 법망을 빠져나간다. 만약 근로기준법 위반을 폭행이나 절도라고 바꿔서 읽는다면, 왜 이런 무질서가 방치되고 있는지 도무지 이해가 되지 않는다. 이유는 분명해 보인다. 대기업과 건물주가 영세 자영업자와 맺는 합법적 계약을 유지하기 위해서는 영세 자영업자와 알바노동자가 맺는 불법적 계약을 국가와 사회가 묵과해야 하기 때문이다. 즉, 법을 어기지 않고서는 도저히 프랜차이즈 수수료와 임대료를 지불할 수 없다. 결과적으로 한국의 노동자들은 자신을 불법적으로 대하는 나라에서 일을 하고 있는 셈이다. 노예제를 유지하기 위해서 노예에 대한 감시와 폭력을 허용했듯이 경제 체제를 유지하기 위해서 임금 체불과 근로기준법 위반을 허용하고 있다.

더 무서운 게 있다. 바로 근로기준법을 지키면서 이루어지는 세련된 노무 관리다. 이때의 근로기준법은 노동자를 보호하는 방패가 아니라, 기업의 이윤을 뽑아내는 무기다. 합법적 안내 표지 속에서 노동자는 희망으로 가는 길을 잃는다. 근로기준법은 그 자체로 선이 아니다. 누구의 손에 있느냐에 따라 완전히 다른 결과를 낳는다. 물론 대기업이 합법적인 방법만을 사용하는 것은 아니다. 구멍가게 사장은 결코 가질 수 없는 거대하고 효율적인 시스템을 바탕으로 체계적으로 불법을 저지른다. 때문에 대기업이 저지르는 불법은 관습법처럼 다가온다. 그 결과 문제를 제기하는 개인은 사회생활에 적응하지 못하는 존재로 여겨진다. 근로기준법 위반이 특별하지 않은 일상이 되어버리는 것이다. 이제 자연스럽고 평온하게 보였던 일상이 얼마나 이상하고 불편한 침묵이었는지를 살펴보자.

유령들의 노동

알바를 시작할 때 가장 먼저 해야 할 일은 유니폼 입기가 아니라 근로계약서 쓰기다. "우리 사이에 무슨 근로계약서냐"라고 말하는 사장이 있을지도 모른다. 그런 사장이야말로 위험하다. 사장과 나의 위치를 한번 냉정하게 생각해보자. 나를 최저임금으로 구매한 사용자와 인신을 일정 시간 동안 구매자에게 맡긴 피사용자의 관계다. 법적으로 노동시간은 사용자의 지휘, 관리, 감독 아래에 있다. 생계비인 월급도 사장이 주고, 직장에 있는 시간 동안 지시도 사장이 한다. 둘은 평등한 관계가 아니다. 그래서 우리는 사장이나 직장 상사의 재미없는 개그에도 웃어야 하고, 식당에서 숟가락을 놓아야 한다. 가끔씩 친절한 사장님도 있는데? 맞다. 마음씨 좋은 사장은 알바노동자에게 직접 물도 따라주고 숟가락도 챙겨준다. 이런 사장은 특별한 분으로 칭송받는다. 반면 알바노동자가 사장에게 보이는 공손한 태도는 당연하게 여겨진다. 이 자체가 불평등한 관계의 증거다. 똑같은 행위라도 누군가에게는 베풂이고 누군가에게는 당연한 의무라면 둘의 위치는 결코 평등하지 않다.

그래서 혹시나 있을지 모르는 힘센 사람의 전횡을 막기 위해서 법률을 만들었다. 근로계약서도 마찬가지다. 힘이 약한 노동자들이 몇 시에 출퇴근하며, 휴식은 언제 취할 수 있는지, 임금은 얼마인지 미리 정해놓는 것이다. 안 그러면 사장 마음대로 출퇴근시킬 수 있고 휴식 시간을 아예 안 줄 수도 있다. 심지어는 일을 했다는 증거조차 확보하기 힘들 수도 있다.

"진정서를 내며 근로계약서에 대해 처음 들었던 저는 아무리 오랫동안 일해도 근로계약서를 작성하지 않아 일을 했다는 증거조차 남지 않으니 정말 답답하게 느껴졌습니다."

카페에서 1년 8개월 동안 일한 알바노동자 C의 말이다. C는 점주에게 야간수당을 요구했다가 해고하겠다는 사장의 말에 오히려 움츠러들었다. 불법을 저지른 건 사장인데 알바노동자가 두려움을 느낀다. 원래 받던 월급조차 받지 못할까 봐 사장에게 사과를 하고 더 성실하게 일했다. 그리고 한 달 뒤 일을 그만두게 되었다. 이후 노동청에 진정을 하려고 보니 일한 증거를 확보할 길이 없었다.

"비록 종이 한 장이지만 그마저도 갖지 못한다면 어디에서 일을 한다 해도 마찬가지일 것 같았습니다. 저는 제가 그곳에서 시간을 보냈었다는 사실을 보증할 만한 서류가 반드시 필요했습니다. 12월 1일 토요일, 저는 근로계약서를 요구했습니다. 사장님은 흔쾌히 써주겠다면서 잠시 뒤에는 어디에다 쓰려는 거냐고 물었습니다."

프랜차이즈 중국 식당에서 주말 알바노동을 한 J의 이야기다. 사장은 근로계약서를 어디에 쓸 거냐고 계속 추궁했다. 법으로 정한 근로계약서 작성에 대해 이런 질문을 허용하는 나라가 한국이다. 그녀는 자신이 일한 증거를 가지고 싶다고 대답했다. 사장은 그날따라 안 하던 농담을 했다. 그녀와 점심을 먹으면서 점심 값으로 500원이라도 받아야겠다고 웃으며 말했다. 그녀는 웃을 수도 밥알을 쉽게 넘길 수도 없었다. 1주일 뒤 J는 다시 근로계약서를 요구했고, 사장은 다시는 나오지 말라며 근로계약서를 쥐어줬다. 근로계약서는 백지 상태였다. 이처럼 알바노동자가 근로계약서를 요구하면 "가족 같은 사이에 뭔 계약서냐"라면서 의리를 강조하다가도, 진지하게 계속 근로계약서를 요구하면 해고하는 일이 빈번하게 일어난다.

"근로계약서를 쓰지 않은 상태에서 월급날(매달 7일)이 다가오자 근로계약서와 함께 야간수당과 주휴수당을 요구했는데 해고 통지를 받았습니다."[22]

근로기준법에서는 단 하루를 일해도 근로계약서를 작성하도록 하고 있다. 하지만 사장은 근로계약서를 요구하는 직원을 싫어한다. 알바노동자는 언제든지 해고당할 수 있고 사장과 매일 얼굴을 마주해야 하는 처지에서 무턱대고 법을 지키라 말하기 어렵다. 사장은 근로계약서를 왜 이렇게 싫어할까? 근로계약서는 사용자가 노동자를 사용할 때 책임져야 할 상황을 유일하게 명시한 서류다. 힘이 없는 알바노동자가 사장을 통제할 수 있는 최소한의 수단인 셈이다. 이 책임으로부터의 탈출이 기업에게 어떤 이득을 주는지는 롯데백화점 노동자의 안타까운 죽음을 통해서 확인할 수 있다.

2015년 10월 22일 롯데백화점 부산본점에서 일하던 40대 노동자가 심장마비로 숨졌다. 그는 10년 동안 백화점의 여러 입점 업체에서 일했다. 그런데 놀랍게도 근로계약서를 단 한 번도 쓰지 않았다. 백화점은 직접 고용한 10~15% 정도의 직원을 제외하고 모든 노동자를 협력 업체를 통해 고용해왔다. 롯데백화점은 입점 업체에 근로계약서 작성을 강제할 수 없다는 무책임한 입장만을 되풀이했다. 그는 롯데백화점에서 일했지만 롯데백화점 노동자가 아니며, 심지어 입점 업체의 노동자도 아니었다. 산업재해도 인정받기 쉽지 않았다. 사망 직전 그는 입점 업체에서 일주일간 진행하기로 한 행사에 2일가량 일하기로 하고 근무를 하고 있었는데, 이것을 근거로 과로사라고 말하기는 힘들기 때문이다. 실제로는 10년 동안 백화점에서 정신없이 일하다 사망했지만, 그 10년의 세월은 흔적도 없이 사라졌다. 법리상 롯데백화점과 입점 업체는 아무런 책임을 지지 않아도 된다.

근로계약서가 보안 사항인 기업도 있다. 바로 해커스어학원이다. 2015년 9월 해커스어학원 내부 인트라넷에 '근로계약서는 보안 사항이므로 원본 또는 복사본도 전달해주시면 안 됩니다'라는 공지 글이 올라왔다. 그리고 밑에 이 공지를 확인했음을 인증하는 관리자들의 댓글이 보인다. 또한 '아르바이트 계약서 원본/사본이 유출되는 일이 없도록 관리하겠습니다'라는 노동자들의 수많은 댓글들에 소름이 끼쳤다. 도대체 근로계약서에 무슨 내용이 적혀 있기에 보안 문서라고 하며, 관리를 철저히 하겠다고 맹세까지 하는 걸까? 근로기준법 17조를 보자.

제17조(근로 조건의 명시) ① 사용자는 근로 계약을 체결할 때에 근로자에게 다음 각 호의 사항을 명시하여야 한다. 근로 계약 체결 후 다음 각 호의 사항을 변경하는 경우에도 또한 같다. 〈개정 2010.5.25.〉 1. 임금 2. 소정근로시간 3. 제55조에 따른 휴일 4. 제60조에 따른 연차 유급휴가 5. 그밖에 대통령령으로 정하는 근로 조건.

임금과 노동시간에 대한 약속, 언제 쉴지, 연차는 받을 수 있는지 등 노동자가 꼭 알아야 하는 항목, 그리고 회사도 꼭 인지해서 보장해야 하는 내용들이 들어 있다. 근로계약서를 보면 사용자나 노동자가 몰랐던 주휴수당과 휴게 시간, 연차 등을 확인할 수 있다. 해커스어학원에게 이것이 얼마나 중요한 보안 사항인지는 알 수 없다. 다만 17조의 2항을 보면 해커스어학원이 명백히 근로기준법을 위반했다는 사실을 알 수 있다.

② 사용자는 제1항 제1호와 관련한 임금의 구성 항목·계산 방법·지급 방법 및 제2호부터 제4호까지의 사항이 명시된 서면을 근로자에게 교부하여야 한다. 다만 본문에 따른 사항이 단체협약 또는 취업규칙의 변경 등 대통령령으로 정하는 사유로 인하여 변경되는 경우에는 근로자의 요구가 있으면 그 근로자에게 교부하여야 한다. 〈신설 2010.5.25.〉

이를 어길 경우 회사는 500만 원 이하의 벌금을 내야 한다.

내가 해커스어학원 내부 인트라넷의 보안 사항을 인지한 시점은 2016년 9월이고, 이 공지 글이 올라온 건 2015년 9월이다. 최소한 1년 이상 근로계약서 미교부를 해온 셈이다. 공지가 오르게 된 연유도 재밌다. 보통 회사는 직원들에게 회사의 주거래 은행에서 월급 통장을 만들게 한다. 요즘 은행에서는 보이스피싱 우려 때문에 새로운 계좌를 개설할 때 증빙 서류로 흔히 근로계약서를 요구한다. 그러다보니 회사에 근로계약서를 요구하는 알바노동자가 늘어났다. 그러자 근로계약서 대신 확인서를 발급해주라는 회사 지침이 나왔다. 근로계약서를 교부하지 않는 관행이 오래전부터 이루어져왔음을 알 수 있다.

2016년 통계청 발표에 따르면, 시간제 노동자 중 근로계약서를 작성한 노동자는 46.3%이다. 주목해야 할 것은 기간제 노동자, 그러니까 기간의 정함이 있어 언제부터 언제까지 일하겠다고 약속하는 노동자들마저 15% 정도는 근로계약서를 쓰지 않는다는 사실이다. 비정규직은 59.8%, 정규직도 62.2%만이 근로계약서를 쓴다. 한국은 유령들의 나라다. 매일 성실히 일하다가 어느 날 회사와 분쟁이 생기면 회사가 모르는 사람이라고 해도 특별히 이상하지 않다.

시급 할인 전쟁 – 수습 기간과 교육 시간

근로계약서를 작성하는 커다란 벽을 넘으면 시급은 적게 주고 일은 길게 하길 바라는 사용자와의 싸움이 기다리고 있다. 바로 사용자가 알바노동자를 상대로 벌이는 '시급 할인 전쟁'이다. 상품에만 바겐세일이 있는 게 아니다. 알바노동자에게도 할인가가 있다. 바로 수습 기간. 근로기준법은 1년 이상 계약한 노동자에 한해서 최대 3개월까지 임금을 적게 지급할 수 있도록 보장하고 있다. 하지만 수습 기간이라도 최저임금의 90%는 넘어야 한다. 알바노동을 구매한 사장은 사실상 3개월 동안 10% 할인을 받는 셈이다. 알바노동이 금방 배우고 쉬운 일이라고 말하면서 3개월씩이나 수습 기간을 두는 이중적인 태도가 궁금하다. 다행히도 2018년 3월 20일부터 단순 노무직은 수습 기간이라도 최저임금을 100% 적용해야 한다. 단순 노무직에는 주유원, 패스트푸드 배달원, 택배원 등 대부분의 알바노동자가 해당한다. 대기업이나 노동법에 대한 지식이 있는 사장은 수습 기간 3개월을 위해 1년 계약을 맺는 꼼수를 부리기도 한다. 하지만 대부분은 근로계약서도 쓰지 않고 수습 기간을 정한다. 그런데 이게 또 재밌다. 근로계약서를 안 쓰면 처벌을 받지만, 근로 계약 자체는 구두로도 성립된다. 그런데 구두 계약은 기간을 정하지 않은 경우가 대부분이다. 내일부터 나오라는데 언제까지 나오라는 건 없지 않겠나. 우습지만 정규직이다. 그래서 의도치 않게 합법적으로 수습 기간이 적용된다.

수습 기간의 적용에 있어 최저임금을 10% 할인할 수 있는 조항은 최저임금의 취지를 심각하게 훼손한다. 최저임금이 생활에 필요한 최소한의 임금을 보장하려는 취지라면 수습 기간이라 하더라도 최저임금 이상을 노동자에게 줘야 한다. 짧은 수습 기간이 정 필요하다면 최소한 최저임금 이상으로 지급하고 다른 노동자와 임금 차이를 10% 정도 두는 방안을 고려할 수 있다.

알바노동자들은 대부분 하루아침에 해고된다. 그래서 수습 기간이라는 이유로 최저임금도 못 받고 일하다 해고되는 경우가 허다하다.

"처음 한 달은 교육 기간이고 시급 5,500원이라 했습니다. 그래서 (수습 기간은) '6개월 이상이여야 가능하다. (저는) 1~3개월 동안 일하는 계약직이 아니냐?'고 물으니까 설마 한 달 시키고 자르겠냐는 말이 나왔습니다. 그래서 알겠다고 하고 일을 시작했죠. 이제 일한 지 한 달(총 12일)쯤 된 시점에서 갑자기 불러 (당신을) 대체할 사람을 구할 때까지 쓰겠다는 말이 나왔습니다."[23]

수습 기간의 현실을 보여주는 상담 사례다. 일단 노동자도 사장도 수습 기간 적용 기준이 1년인 줄 몰랐다. 근로계약서도 쓰지 않았다. 사장은 "한 달 시키고 자르겠냐"라면서 수습 기간을 적용하고는 해고해버렸다.

수습 기간 동안 최저임금을 지급하다가 노동자가 주휴수당을 주장하자 수습 기간 카드를 꺼내는 사장도 있다. 10% 깎아서 줘야 하는 걸 100% 줬으니 초과분을 돌려 달라는 주장이다. 한 피시방 사장은 신입 알바에게 일을 가르치며 업무를 하다가 알바가 일을 너무 잘해 혼자 일하게 했다. 수습 기간이 필요 없는 노동자라는 걸 사장이 스스로 인정한 셈이다. 그런데도 임금은 수습 기간을 적용해 지급했다. 이 외에도 수습 기간 동안 최저임금의 90%보다 적게 지급하는 경우, 1년 미만의 계약을 하면서 수습 기간을 적용하는 경우 등 불법적인 사례가 무궁무진하다.

"11월 4일부터 근로계약서도 없이 까페에서 일을 시작했습니다. 월요일부터 금요일까지 주 5일 근무(5시부터 밤 11시까지)했습니다. 구직 사이트에는 최저임금이라고 명시되어 있는데 면접 볼 때 갑자기 보름의 수습 기간 동안에는 최저임금의 반인 2,800원을 주겠다고 하더군요. 할 수 없이 알았다고 하고 계약서 없이 일을 시작했습니다. 그리고 수습 기간을 거쳐 1월 8일까지 일했습니다. 1월 4일부터 7일까지는 6,030원도 아닌 5,800원으로 계산했고요."[24]

수습 기간과 비슷한 게 바로 교육 시간이다. 개인적 학습이 아니라 업무 목적이고, 사용자의 지시에 의해 이루어지는 교육이라면 노동 시간으로 보고 임금을 지급해야 한다. 하지만 이런 법을 아는 사람이 많지 않다. '교육 시간'이라는 말 자체가 왠지 노동자를 위해 고용주가 봉사하는 시간, 아직 일을 할 줄 모르는 미숙한 사람을 가르치는 시간이라는 느낌을 준다. 사실은 회사에 적합한 노동자를 만들어내기 위한 과정인데도 말이다. 회사의 이익을 위한 일이지만, 이 비용을 부담하기 싫은 것이다.

"카페에서 알바를 하고 싶어서 면접을 보고 고용되었어요. 교육을 해야 한다기에 총 이틀, 6시간 30분 교육 받았습니다. 카페에는 점장, 사장, 알바 4명이 있는데 면접과 고용 통지는 점장이 했습니다. 그런데 교육 2차로 받고 며칠 후에 점장이 연락을 해왔는데 '사장님이 교육하신 거 CCTV로 돌려 보시고는 고용 안 하겠다고 하신다고 계좌 주면 교육비를 지급하겠다고 하네요'라기에 이유를 물으니 제가 하품을 해서라더군요."[25]

사장이 보기에 교육 내용의 핵심은 업무에 대한 이해가 아니라 교육에 임하는 태도였다. 사장은 교육 내내 상주하고 있었는데, 직접 참여하지 않고 굳이 CCTV를 돌려보며 노동자를 관찰했다. 보이지 않는 곳에서도 묵묵히 열심히 일하는 사람에 대한 욕망과 판타지가 있나 보다. 사장의 판타지와 대조적으로 하품 한 번 하면 해고당하는 게 노동자의 현실이다.

교육이라는 이름으로 그녀가 한 일은 설거지, 접시 닦아서 넣기, 매대 수시로 닦기, 화장실 틈틈이 보기, 유리창 닦기 등 사실상 업무와 다를 게 없었다. 이 노동에 대해 그녀가 받은 임금은 단돈 20,000원. 매니저에게 문의를 하니 다음과 같은 답변을 받았다. "네, 교육은 강제 사항이 아니었습니다. 그리고 사전 교육비에 대한 안내는 이미 말씀드렸고요. 노무사에게 확인해보세요." 강제 사항이 아니면 교육 시간을 노동 시간으로 보지 않는다는 생각이다. 근로기준법을 노동자의 보호 장비가 아니라 사장의 무기로 활용한 셈이다. 그러나 언제나 중요한 것은 실제다. 교육 태도를 보고 해고까지 했는데, 교육이 강제 사항이 아니었다고 주장하는 건 앞뒤가 맞지 않다.

한편 교육은 일을 시작할 때에만 이루어지지 않는다. 일하는 중간에도 교육이 이루어진다.

"CGV는 교육을 정기적으로 시키는데, 교육을 새벽에 잡는 거예요. 새벽 2시부터 교육을 하겠다고 하는 거예요. 왜 새벽 2시에 교육을 하는 거지? 이해할 수가 없었어요. 서비스 교육, 위생 교육이 주였어요. 교육이 끝나면 새로 들어온 알바에게 장기자랑을 시킨다거나 게임을 하거나 했어요. 저는 거기 참여하기 싫었는데, 참여하지 않으면 미소지기 점수에 깎이게 되니까……."[26]

임금 지급 여부와 상관없이 업무 시작 전 혹은 업무 종료 후 이루어지는 교육은 노동자의 과로를 의미한다. 하지만 교육이라는 이름 때문에 근로 시간이 아니라는 생각을 하게 만든다. 일에 필요한 지식을 배우는 자리이니 시간을 내야 한다는 논리다.

이것은 사실 개별 기업이 아니라 사회적으로 이루어진다. 취업 준비를 하는 사람들에게 기업이 원하는 인재가 되라고 요구한다. 교육

과정도 기업의 필요에 맞춘다. 그런데도 기업에서는 업무에 즉시 투입할 인재가 없다고 불평한다. 과거보다 훨씬 많은 학력과 자격증을 가진 사람들에게 "요즘에는 쓸 만한 인재가 없다"라고 말하는 건 우습다. 기업이 내야 할 교육 비용을 사회와 노동자에게 떠넘기고 있을 뿐이다.

시급 할인 전쟁 – 벌금과 시재

임금 할인의 가장 직접적인 방식은 바로 벌금이다. 지각에 대한 벌금은 워낙 일상적으로 이루어지고 있기 때문에 인터넷 검색만 해도 수백 건이 올라온다. 정각에 출근해도 지각비가 부과된 흥미로운 사연이 네이버에 있어 소개한다.

"강남역 주변 레스토랑에서 알바를 하게 됐는데, 면접 때는 얘기를 안 해줬던 지각비가 있었습니다. 0~5분은 2,500원인 걸로 알고 있습니다. 만약에 한 시간 지각하면(한 시간 지각하면 안 되지만 ㅋㅋ) 제가 시급 6,000원을 받는데 시급에서 한참 초과된 금액이 날아가더라고요. 아침 10시 출근인데 10:00시에 딱 맞춰서 출근하면 0~5분 지각비가 2,500원이어서 벌금을 내야 된다고 합니다. 저번에 제가 어쩌다 00분에 딱 출근 카드를 찍었는데 퇴근할 때 인원 관리하시는 분이 00시에 찍으면 지각 처리된다고 하시면서 제 카드에 -2,500 이렇게 적더라고요."[27]

정시에 출근했는데도 지각비를 걷는다. 황당하기 그지없다. 더 큰 문제는 벌금 액수다. 5분 지각에 2,500원 임금을 깎는 게 정당화되려면 최소한 시급이 30,000원 정도는 되어야 한다. 그리고 연장 근무를 단 1분이라도 한다면 그에 비례해서 임금을 줘야 한다. 그런데 이 노동자가 받는 시급은 6,000원이다. 알바노동자의 지각으로 받는 매장의 손해가 어느 정도인지는 알 수 없다. 하지만 매장 입장에서는 알바노동자가 10시~10시 5분 사이에 출근하는 게 매출에 훨씬 유리해 보인다. 만약 이보다 일찍 출근한다고 해도 마찬가지다. 일찍 출근에 대해서는 임금을 주지 않아도 되니까 말이다. 이런 식의 벌금은 너무나 직접적이어서 말할 가치도 없지만, 이런 일들이 불법 행위라는 점만 알아두자.

"피시방 300원 할인 이벤트를 해서 사람이 진짜 많았어요. 진짜 만석이었거든요? 근데 알바는 저 혼자였어요. 제가 3시부터 10시까지. 손님들이 돈 안 내고 도망가기도 해요. 그렇게 도망가는 건 제가 딴 자리를 치울 때는 확인할 수가 없으니까 어떻게 알아요? 눈이 등에 달린 것도 아니고. 그런데 도망가면 그 돈을 제 알바비에서 채워야 했어요."[28]

알바노동자들 사이에서 빈번하게 일어나는 시재 채우기는 노동자의 고의 또는 과실을 입증하기 위해 사장이 지불해야 하는 비용과 시간을 벌금으로 충당하는 것이다. 사장은 정확한 사태 파악을 위한 일들을 하지 않고도 알바노동자의 벌금으로 손해를 보상받는다.

시재 채우기는 가맹점이나 작은 가게에서 일어나는 일이라고 할 수도 있다. 그러나 대기업에도 시재 채우기 관행이 있다. 많은 고객을 상대하고 각종 할인 제도를 가지고 있어 시재 차이가 자주 발생하는 영화관이 대표적이다. 중앙미디어스 소속 메가박스는 소액의 정산 오차도 모두 알바노동자에게 책임지운다. 반면 CGV는 월 3만 원, 롯데시네마는 월 2만 원 미만의 정산 오차에 대해서는 책임을 지우지 않는다. 아예 예비비 개념으로 예산을 편성한다.

물론 노동자가 고의로 돈을 빼돌리는 경우에는 해고가 가능하며, 물건을 편취했을 때도 범죄 행위로 처벌하고 민사상 손해배상을 청구할 수 있다. 그런데 이것을 악용하는 회사들이 있다. 전북 전주의 호남고속은 실수로 버스 요금 2,400원을 입금하지 않은 버스 기사 L을 해고했다. L이 2014년 1월 3일 완주발 서울행 시외버스를 운전하면서 현금으로 차비를 낸 손님 4명의 버스비 46,400원 중 44,000원만 회사에 납입했다는 이유다. 이 회사는 800원을 입금하지 않은 노동자를 해고했다가 전국적인 지탄을 받아 철회한 적도 있었다. 이 두 사람 모두 민주노총 조합원이었다.

임금 할인의 정점, 주휴수당

임금 할인의 정점은 주휴수당, 퇴직금, 연차수당 등 알바노동자는 받지 못할 것 같은 생소한 임금을 떼먹는 경우다. 주휴수당이나 퇴직금 이야기를 꺼내면 시급에 포함되었다는 답변이 가장 많이 돌아온다.

"주휴수당 미지급건 문제로 노동청 소속 조정관님과 얘기를 하면서 진행하였는데 사장이 '기본은 5,580원인데 주휴수당 포함해서 6000원 준 거다'라고 말을 했다고 합니다. 하지만 저는 '주휴수당 포함해서 6,000원을 주겠다'라고 말한 걸 들은 적이 없습니다. 애초에 고용계약서도 안 썼는데 무슨 말입니까, 저게? 그리고 고용계약서에도 쓰여 있는 걸 보니까 '주휴수당은 지급한 식대를 제외한 나머지 금액을 지급한다'라고 적혀 있기도 했고, 또한 저는 식대를 잘 쓰지도 않아서 일 평균 1,500원 정도입니다. 그리고 정상임금보다 12만 원을 과입금했다고 합니다. 아무튼 조정관이 '못 받을 가능성이 크다'라고 말씀을 하셨는데 이 경우 저는 받을 수가 없는 건가요?"[29]

주휴수당은 시급에 포함되지 않는다. 포함시키려면 근로자에게 알리고 명시해야 한다. 만약 포함시켰다 하더라도 6,000원은 말도 안 된다. 하루 8시간씩 5일을 일했다면 8시간의 주휴수당이 발생한다. 주휴수당시간=소정근로시간(약속한 시간)/5이다. 만약 주휴수당을 포함시켰다면 시급은 6,696원이다. 그러니까 6,700원은 줘야 한다. 또 하나 재밌는 게 있다. 노동자는 근로계약서를 쓴 적이 없는데 사장이 근로계약서를 가지고 있다는 점이다. 아마도 사장이 노동자에게 얘기도 안 하고 임의로 썼을 것이다. 그리고 '주휴수당은 식대를 제외하고 나머지에서 지급한다'도 불법이다. 임금은 전액불로 지급해야 하며 주휴수당에 식대를 포함시키는 건 불법이다. 게다가 근로기준법에 위반되는 계약 내용은 모두 무효다. 사장이 급한 마음에 노동법도 제대로 알아보지 않고 마음대로 근로계약서를 쓴 것으로 보인다. 이걸 근로감독관이 몰랐다면 자격 미달이고, 알고도 넘어갔다면 직무유기다. 게다가 사장을 근로계약서 미교부로 처벌할 수도 있다.

하지만 이런 식으로 주휴수당을 시급에 포함시키는 관행은 광범위하게 퍼져 있다. 2017년 3월에 올라온 맥도날드의 구인 광고에는 라이더 시급이 무려 9,100원이다. 맥도날드 라이더에게는 생명수당 50원이 주어진다. 그래서 시급이 최저임금보다 50원 비싼 6,520원(2017년 기준)이다. 주휴수당을 포함한다 하더라도 너무 많아 보여서 자세히 보니 건당 수수료에 연차수당까지 포함시켰다. "기본시급 6,520+주휴&연차수당+배달수당 1건당 400원(우천 시 500원). 한 달 기준 약 120만 원(7.5시간+주 5일 근무+시간당 1건 배달 시)." 이렇게 자세히 수당을 설명한 것은 매우 좋다. 하지만 시급 9,100원은 잘못이다. 그런데도 굳이 이렇게 표현하는 이유는 시급이 높아 보이는 효과를 위해서일 테다. 그리고 다른 직장에서는 주휴수당을 주지 않으니 상대적으로 좋은 직장처럼 보이는 효과도 있다.

그렇다면 왜 이렇게 주휴수당을 안 주려고 하는 걸까? 주휴수당의 취지를 오해하고 있기 때문이다. 믿기 어렵겠지만 근로기준법에 주휴수당이 들어간 것은 1953년 노동법이 만들어질 때부터이다. 어떤 사람들은 주휴수당을 상여금이라고 생각한다. 하지만 그렇지 않다. 노동자가 열심히 일하기 위해서 필요한 휴식 시간을 잘 보내라는 의미로 주는 임금이다. 노동자가 한 주 만근을 하면 힘이 든다. 그러면 영화도 보고, 좋은 음식도 먹고, 보일러나 에어컨도 빵빵하게 틀어놓고 휴식을 취해야 한다. 이게 다 돈이다. 게다가 심신의 스트레스를 풀기 위한 노력도 해야 한다. 등산도 가고, 헬스장도 가면서 노동에 적합한 몸을 유지해야 한다. 이게 쉬운 일이 아니다. 이렇게 열심히 일하기 위해 쓰는 돈과 시간, 노력에 대한 대가가 주휴수당이다. 그래서 주휴수당은 다음 주에도 출근하는 노동자에게만 지급한다. 이를 알고 퇴사 시점을 금요일로 하라고 지침을 내리는 회사도 있다. 그 주의 주휴수당이 발생하지 않기 때문이다. 알바노동자는 당연히 월요일까지 출근하고 그만두는 게 좋다.

무료 노동

임금 할인의 또 다른 방법은 쉬지 않고 일하게 하는 것이다. 2013년 8월 5일 액세서리 전문점 레드아이에서 일하던 L의 증언이 화제가 됐다. "직원, 주임, 매니저, 점장은 한 시간 반, 두 시간 동안 밥 먹고 오면서, 밥 먹은 시간도 근무 시간에 포함시키면서 왜 알바만 차별합니까?" L은 이 발언으로 해고된다. 당돌하다는 이유였다. 다시 한 번 강조하지만, 근로기준법에는 4시간을 일하면 30분의 휴게 시간을 주도록 하고 있다. 이런 휴게 시간이 없는 대표적인 작업장이 편의점과 식당이다.

"식당 일하고 있습니다. 주 6일, 평일과 휴무일에 12시간 근무 중. 밥 먹는 시간도 휴게 시간이라 쳐야 할지 모르겠지만 밥 먹는 20~30분만 손님 보고 기다려 달라고 합니다. 손님 없을 때 앉아 있습니다. 근로계약서 작성했는데 사장만 가지고 있고 증거라곤 월급 통장 있습니다."[30]

일부 식당은 3~5시까지 브레이크타임을 갖는다. 식당 정리와 함께 휴식 시간과 밥 먹는 시간을 보장하는 것이다. 그러나 브레이크타임이 없는 식당에서는 들어가보면 밥을 먹다가 중단하고 손님을 맞는 경우가 대부분이다. 체하지나 않을까 여간 미안한 게 아니지만, 나도 배가 고프니 어쩔 수 없다. 요즘은 대부분이 조선족이라고 불리는 이주 노동자들이 휴게 시간 없이 일하고 있다. 휴게 시간을 아까워하는 사장들도 많다. 하지만 충분한 휴식은 다음 노동을 위한 재충전이니 사장에게도 유리하다.

작은 가게의 사장들은 구두로 10분씩 일찍 오라고 하는 경우가 많다. 혹은 작은 종이에 '30분 일찍 출근은 예의' 따위의 공지 사항을 부착해놓곤 한다. 게다가 우리 사회는 일을 하는 데 필요한 준비 시간과 마감 뒤 무료로 일하는 시간을 당연시하는 버릇이 있다.

"10분 정도 일찍 와서 옷을 입고 출근 준비를 하라고 하는데, 그런 건 돈을 안 주고, 옷 갈아입고, 일찍 오면 일찍 오는 거고, 시급은 딱 옷 입은 다음부터. 그리고 손님이 없을 땐 그냥 가라고 할 때가 있잖아요. 그럼 딱 그 일찍 간 시간. 근데 웃긴 게 일을 하다보면 원래 시간 이상 일을 할 때가 있어요. 사장님이 다른 매장에 물건을 놓고 오시거나 손님이 늦게 찾아 오면 원래 시간보다 20~30분 늦게 마치거든요? 그런데 그렇게 늦게 마쳐도 저는 12시에 체크를 해야 해요. 저번에 원래보다 늦게 마쳐서 늦게 마친 시간대로 근무 시간 기록표에 적었는데 사장님이 저를 이상하게 보는 거예요. '저건 왜 저렇게 뻔뻔하지?' 이런 표정으로 저를 보더니 '너 그러면 안 돼'라고 하는 거예요. 저를 사회생활 못 해본 뻔뻔한 애 취급하는 거예요. 그 뒤부터 퇴근 시간을 넘길 때가 많았는데, 그래도 계속 원래 퇴근 시간으로 적어야 했어요."[31]

버거킹 배달 노동자였던 신정웅은 10분씩 일찍 오는 게 매장의 규칙이라고 증언했다. 이런 분위기에서 적으면 5분, 길면 30분 정도의 시간을 문제 제기하는 것은 쉽지 않다. 사회생활 못하는 치사한 사람 되기 딱 좋다. 무엇보다 문제를 제기했을 때 얻는 혜택보다 불이익이 더 크다. 알바노동자들은 매니저, 사장과 매일같이 얼굴을 보면서 일한다. 일하는 현장의 공기와 분위기, 관리자의 표정과 어투가 신경 쓰일 수밖에 없다. 업무 환경에는 이런 정서적 분위기가 분명히 포함된다. 반면에 관리자와 사장은 철저하게 약속된 시간으로만 출퇴근을 기록한다. 실제의 출퇴근 기록과 그것을 인정받을 수 있는 기록이 다른 셈이다.

유니폼 갈아입는 시간보다 더 심각한 무료 노동 시간이 있다. 바로 매장의 오픈 시간과 클로징 시간이다.

"아침 파트는 도넛이 나오는 걸 다 세팅해야 해요. 그게 한 시간 정도 걸리는데, 그걸 알바비로 안 쳐줘요. 만약에 8시까지가 출근이면 7시까지 오라고 해요. 그래서 옷을 갈아입고 7시 20분에 내려가면 도넛을 깔라고 시켜요. 그걸 깔고 문을 열면 어느 순간 8시인 거예요. 그럼 알바비는 8시부터 계산되고."[32]

클로징을 할 때는 물품 정리와 청소, 정산 등을 한다. 특히 청소는 업무라기보다 안 하면 예의 없는 것처럼 여겨진다. 정산 불일치는 노동자의 잘못 같다. 그래서 이런 무료 노동은 알바노동자의 자발적인 행위처럼 보인다.

무료 노동이 사장과 알바노동자 사이에서만 벌어지는 문제는 아니다. 노동자와 노동자 사이에서도 벌어지는데, 교대제 노동이 대표적이다. 편의점 알바노동자의 퇴근 시간은 다음 노동자가 오는 시간이다. 그런데 이때 물품이 들어오면 매정하게 그냥 갈 수가 없어 도와주곤 한다. 또 인수인계를 하는 시간도 필요하다. 이런 노동들에 대한 임금은 꿈도 꿀 수 없다. 한편, 협력 업체 알바노동자는 본사 정규직 노동자의 일을 대신하기도 한다.

"축산 아르바이트를 할 때는 너무 부당한 게 많았어요. 저는 협력 업체의 팀장으로 들어갔었는데요. 이마트 정직원 입장에서 자기들은 갑이고 저희는 을이에요. 을이기 때문에 부당한 노동을 많이 했어요. 구체적으로 '하루 근무 시간이 9시간이다'라고 계약을 했지만, 1시간 먼저 나와서 이마트 직영의 물건들까지 준비를 해주는 부분이 있었어요. 이 부분은 임금 지급이 안 됐어요."[33]

이런 식의 무료 노동은 포괄임금제 아래의 정규직 노동자를 상대로도 고통스럽고 자연스럽게 이루어지고 있다. 잇따른 과로사로 문제가 된 우체국 집배원 노동자들은 일요일 무료 노동이 아예 관습처럼 되어 있다. 월요일에 밀린 배달을 하려면 일요일에 미리 우편물을 분류해야 하기 때문이다. 2016년 7월 노동자운동연구소는 집배원 183명의 실제 출퇴근 시간 자료를 분석했는데, 일주일 근무 시간이

55.9시간에 달했다. 노동자 평균 근무 시간보다 12시간 많다. 같은 해 우정사업본부는 '2015년 집배원 근무 시간(임금 지급 기준)이 일주일 47.8시간'이라고 발표했다. 보통의 집배원들이 일주일에 8.1시간, 한 해로 치면 421시간을 임금과 상관없는 무료 노동을 하고 있는 셈이다.

정규직은 과로사하고 청년들은 일자리가 없는 이 기묘한 수수께끼의 뒤에는 한국 사회의 무료 노동이 있다. 알바 노동시장에서 벌어지고 있는 무료 노동은 정규직 노동시장에서 벌어지는 죽음의 장시간 노동의 비뚤어진 데칼코마니다. 알바노동자들의 하루 20분짜리 무료 노동에 대한 문제 제기가 어쩌면 정규직 노동자들의 하루 2시간짜리 무료 노동을 비추는 거울이 될지도 모른다.

알바도 퇴직금을 받을 수 있다고?

"저희는 월급 10%를 퇴직금으로 빼요. 무단 퇴사 방지용으로. 근데 월급에서 퇴직금 빼는 거는 불법이라고 알고 있어요. 아닌가요? 제가 일요일에 일을 관둔다고 말하고 나오면 퇴직금이랑 여태 일했던 월급을 못 받나요? 정말 급해요 ㅜㅜ."[34]

1970~1980년대를 다룬 드라마나 영화를 보면 공장 사장이 노동자의 임금을 저축해 두었다가 나중에 돌려준다고 하는 장면이 나온

다. 이런 장면을 2016년에 보다니 너무 뜨악하다. 상식적으로 생각해보자. 매달 임금에서 공제한 돈을 돌려받는 것이라면, 개인이 임금 중 일부를 은행에 적립하는 것이랑 무엇이 다른가? 퇴직금의 취지가 무색해진다.

퇴직금의 취지를 바라보는 입장에는 세 가지 정도가 있다. 1년 넘게 회사를 위해 헌신했다는 뜻에서 준다는 공로보상설, 갑자기 퇴직을 하면 생활비가 모자라기 때문에 생계를 유지하기 위한 수단으로 지급해야 한다는 생활보장설, 정기적으로 지급하는 월급 이외의 추가임금을 퇴직할 때 후불로 지급한다는 임금후불설이다. 한국에서는 임금후불설을 취하고 있다. 어느 설을 취하든 근로자의 임금에서 공제하는 것은 맞지 않다. 게다가 근로기준법 22조에는 이런 사장들을 위해 '강제 저축의 금지'라는 명시적인 조항을 두고 있다.

공제의 목적도 불법이다. 무단 퇴사 방지는 '위약 예정의 금지' 조항을 위반한 것이다. 쉽게 이야기하면, 노동자가 끼칠 손해액을 미리 정한 계약을 금지한다는 것이다("너 중간에 그만두면 200만 원을 줘야 해"). 강제 노동 즉 노예 노동을 금지하기 위해서다. 이렇게 하지 않아도 사장은 노동자의 무단 퇴사로 인한 손해를 보상받을 방법이 있다. 30일 전에 미리 이야기를 하지 않고 무단으로 일을 그만두면, 사장은 손해배상을 청구할 수 있다. 단, 위의 사례처럼 근로기준법을 위반한 사업장은 노동자가 즉시 그만둘 수 있다.

잘못된 지식을 바탕으로 퇴직금을 줄 수 없다고 당당히 이야기하는 사장도 있다.

"나가기 전에 사장님께 혹시나 퇴직금 받을 수 있냐 했더니 알바한테는 퇴직금이 없고, 만약에 받으려면 4대 보험에 가입해야 한다는 식으로 이야기를 하시더라고요."[35]

일말의 진실은 있다. 퇴직금은 소정근로시간을 평균해서 주 15시간 이상, 즉 월 60시간 이상 일해야 발생한다. 그런데 이 조건과 4대 보험 의무 가입 조건이 같다. 월 60시간 이상 일을 해야 4대 보험 의무 가입 대상이 된다(단, 60시간 미만이라도 생업을 목적으로 3개월 이상 계속해서 근로를 제공한 자는 의무 가입 대상자다). 물론 4대 보험에 가입하지 않아도 퇴직금은 발생한다.

이 알바노동자에게 퇴직금이 발생하지 않은 이유는 따로 있었다. 근로계약서를 쓰지 않았고 원래 약속한 노동시간도 정확하지 않았다. 사장의 필요에 따라 유동적으로 일했다. 그래서 월 60시간 이하로 일한 달이 있었다. 60시간 이상 일한 계속근로기간이 1년 미만이라 퇴직금 대상에서 제외된 것이다. 알바를 한다면 반드시 주 15시간 이상씩 일하기를 권한다.

알바노동자가 온갖 미안한 마음(사장님 사정 어려운 거 알바가 제일 많이 공감한다)과 사회적 편견을 뚫고 법을 지키라고 이야기하면, 사장은 수단과 방법을 가리지 않고 대응한다.

"3일전 퇴직금 때문에 퇴사까지 생각해서 이야길 했는데, '내가 안 주면 어떻게 할래? 노동청에 신고해라. 나는 너 줄 돈으로 변호사 고용해서 법대로 해보련다' 이렇게 이야기하는 사장님……어떻게 해야 할까요?"[36]

대표적인 공갈 협박이다. 피시방에서 일하는 이 알바노동자는 1년 5개월 동안 단 한 번도 무단결근을 하지 않았다. 첫 근무 3개월 동안 단 하루도 쉬지 않았고, 하루 12시간씩 2교대로 일했다. 지금은 월 2회 쉰다. 그가 받는 월급은 150만 원. 평소 형 동생 하던 사이였지만, 퇴직금을 달라는 동생의 말에 형은 퇴직금을 줄 바에야 변호사 고용해서 싸우겠다고 말한다. 당연히 사장이 이길 가능성은 없다. 하지만 변호사까지 고용한다는 말에 알바노동자는 움츠릴 수밖에 없다. 사장이 믿는 것은 '지각 및 무단결근, 월급, 가불, 조퇴, 말 없이 출근 안 할 경우 법적 책임을 묻겠다'는 각서다. 노동자도 이 각서가 두려웠다. 노동자가 몇 번 지각을 했기 때문이다. 그러나 이것과 퇴직금은 아무런 상관이 없다. 오히려 저 살인적인 노동시간에 비해 터무니없이 적은 임금과 근로계약서 미 작성 등으로 사장이 처벌받을 가능성이 높다.

또한 이런 어처구니없는 경우도 있다.

"진짜 심했던 거는 매니저 언니 돈을 퇴직금 안 주려고 현금으로 주고. 아니면 매니저 언니가 진짜 급해서 '돈 좀 주세요' 하면 일부러

천 원짜리로 주고. 30만 원을 천 원짜리로 주면서 알아서 가져가라 하고."[37]

이처럼 현금으로 주는 경우가 가장 까다롭다. 증거가 남지 않기 때문이다. 통장 입금하면 금액을 역산해서 노동시간을 계산이라도 할 수 있지만, 현금으로 주면 아무런 기록이 남지 않는다. 하지만 지금까지 살펴본 방식의 퇴직금 할인은 해커스어학원에 비하면 순진해 보인다.

알바노조가 2016년에 입수한 해커스어학원의 내부 인트라넷 공지 사항을 살펴보면, 3개월 이상의 계약 진행 시 '11개월 이내로만 계약을 진행하고 있음을 절대로 발설하지 않도록 주의'라고 적시되어 있다. 왜 하필 3개월 이상인지, 왜 11개월 이내인지 궁금하다. 해커스어학원은 1개월, 2개월, 3개월 단위로 계약을 진행한다. 이런 계약 방식을 '쪼개기 계약'이라고 한다. 그러나 쪼개기 계약을 하더라도 계약의 갱신이 형식적이라면 계속근로기간으로 본다. 그러니까 1개월, 3개월, 2개월로 끊임없이 계약을 하더라도 일을 계속한다면 6개월 동안 일한 것으로 본다. 다만 여기서 주의해야 할 것은 11개월이다. 이렇게 계속 계약을 하더라도 11개월 이내로만, 즉 12개월이 넘지 않으면 퇴직금을 주지 않아도 된다. 또 하나 주목해야 하는 것이 '근무 기간 축소'다. 퇴직금을 피하는 또 다른 방법은 15시간 미만으로 계약하는 것이다. 월 노동 시간을 평균해서 주 15시간 미만이면 퇴직금을 주지 않아도 된다. 그래서 해커스어학원은 알바노동자를 주 15시간 이상씩 일하게 하다가 1년 계약이 다가오는 시점에서 주 15시간 미만의 초단시간 근로 계약을 맺는다.

퇴직금 회피 목적의 쪼개기 계약은 영화관에서도 일어난다. 롯데시네마와 메가박스는 논란을 피하기 위해서인지 11개월이 아니라 10개월 계약을 맺는다. 그리고는 재입사하고 싶으면 1개월 쉬었다 오라고 한다. 연속으로 계약을 하면 계속 근로로 해석될 여지가 있기 때문이다. CGV의 위탁 계약 지점들도 노골적으로 11개월짜리 계약을 한다.

자, 그러면 이것을 불법이라고 봐야 할까, 합법이라고 봐야 할까? 재미있는 건 이 법을 만든 국회에서도 11개월 계약을 맺는다는 사실이다. 국회의원실은 인턴 1명을 채용할 수 있는데, 채용 기간은 11개월이다. 또 초등학교 교사, 대학 등 다양한 공공 기관에서도 쪼개기 계약을 하고 있다. 당연히 경력 인정은 안 된다. 10년을 쪼개서 재계약하더라도 경력은 항상 새로 시작된다. 국가가 나서서 법의 허점을 활용하고 있는 셈이다. 이러한 편법을 바꾸려는 시도가 절망적으로 느껴지는 이유다.

해고와 실업급여

쪼개기 계약에는 계약종료 즉 해고가 뒤따른다. 입사와 해고를 동시에 약속하는 것이 계약직의 근로계약서인데, 쪼개기 계약은 입사보다 해고가 더 진하게 보이는 계약서다. 한두 달 뒤에 그만둔다는 생각이 들 수밖에 없으니 해고계약서라는 말이 더 어울리겠다. 여기서는 해고라는 말을 의식적으로 쓰고 있지만, 법적으로는 엄연히 정당한 계약종료다.

아이러니하게도 노동자에게는 해고가 더 좋다. 이유가 없다고 생각할 때 부당 해고로 다툴 수 있는 여지가 있고, 실업급여를 받을 수 있기 때문이다. 대기업에서는 분쟁의 소지를 미리 없애기 위해서 사직서를 받는다. 중소기업이나 영세한 사업장은 신규 채용 시 고용촉진지원금을 받을 수 있는데, 해고를 하게 되면 이 지원을 받지 못한다. 그러므로 사직서를 받아 자진 퇴사로 처리하는 게 유리하다. 그래서 실제로는 해고를 하면서도 사직서를 받는 경우가 많다. 반대로 노동자가 실업급여를 받기 위해서는 회사에서 사직서를 쓰라고 하더라도 버티는 게 좋다.

이와 관련해서 기억에 오래 남는 일화가 있다. 2016년 10월 10일 밤, 신용회복위원회 파견 노동자로부터 도와달라는 전화를 받았다. 사연은 딱했다. 그녀는 정규직 노동자들 사이에서 파견 노동자라는 이유로 왕따를 당했다. 직장 동료들은 그녀에게 눈길도, 업무도 주지 않았다. 상사는 조그마한 실수를 하거나 일 처리가 늦으면 사유서를 쓰게 했고, 목줄을 죄듯 파견 회사를 들먹였다. 형식상 파견 회사가 그녀의 고용주였기 때문에 파견 회사를 통해 해고할 수 있었다. 그녀의 해고 순간은 매우 치욕적이었다. 직장 상사는 그녀가 오전에 놀았다며 인사과로 끌고 갔다. 증언을 해줄 정규직 노동자들과 함께였다. 그녀가 태만했다고 정규직 노동자는 증언했다. 그녀는 일을 그만둘 수밖에 없었다.

"회사에서 말하고 대화를 할 사람이 다른 부서 파견직밖에 없었습니다. 회사를 떠나는 마지막 순간에도 제게 뒤돌아보는 사람도 없었고, 인사해주는 사람 하나 없이 조용히 나왔습니다."

이렇게 억울한 일을 당했는데도 그녀는 항상 자신이 '일못'이었다며 자책했다. 이런 회사 분위기에서 자존감은 사치였을지도 모른다. 사실 이 긴 사연은 통화의 후반부에서나 들을 수 있었다.

해고를 당했으니 도와달라는 그녀의 말에 내가 건넨 첫마디는 "사직서를 썼어요?"였다. 썼다고 했다. 사직서를 받아낸 사람은 그녀의 유일한 편이었던 파견 회사 관리 직원이었다. 관리 직원은 그녀에게 "자존심도 없냐?"라는 카운터펀치를 날렸다. 이런 끔찍하고 잔인한 세상에서 살고 있다니 내 자존감마저 무너지는 기분이었다. 마지막 출근날 그녀에게 인사를 건넨 사람은 아무도 없었다. 그녀에게 인사를 할 수 없는 것은 나도 마찬가지였다.

쪼개기 계약은 정규직 전환과도 관련이 있다. 2013년 2월에 현대자동차 울산 공장에 계약직으로 입사한 P는 2014년 1월 31일 계약종료까지 23개월 동안 16차례 계약서를 썼다. 16차례 정도 계약을 했다면, 계약은 형식에 불과하고 계속근로로 봐야 한다. 이것을 갱신기대권이라고 한다. 당연히 다음 계약도 기대하는 것이다. 따라서 계속해서 계약하지 않는 것은 정규직 채용을 회피하기 위한 수단으로 해석해 해고로 본다. 부산지방노동위원회에서도 이렇게 판결했다. 하지만 불복한 현대자동차가 행정소송을 내자 법원은 현대자동차의 손을 들어줬다. 노동자가 원래부터 단기 계약직으로 생각하고 들어왔다는 것이다.

이런 법과 제도는 노동자들이 세상을 믿고 자신의 권리를 외치기보다는 기존의 질서에 순응하고 각자도생하게 만든다. 한국 사회에서 직장 상사에게 잘 보이려는 태도(그래서 회식과 사내 정치가 중요하다), 뇌물과 부패가 사라지지 않는 까닭이 한국 특유의 문화 때문인지, 정상적인 법과 제도로부터는 단 한 번도 제대로 된 보호를 받지 못한 결과인지 되돌아봐야 한다.

블랙리스트 그리고 알바추노

사전에서는 블랙리스트를 "감시가 필요한 위험인물들의 명단. 흔히 수사 기관 따위에서 위험인물의 동태를 파악하기 위해 마련한다. '감시 대상 명단', '요주의자 명단'으로 순화"[38]라고 정의한다. 그러나 실제로 블랙리스트의 탄생 배경은 무시무시하다. 블랙리스트는 영국의 찰스 2세가 청교도혁명 때 죽은 찰스 1세의 복수를 위해 작성한 살생부였다. 그는 아버지에게 사형 선고를 내린 재판관 58명의 명단을 작성하고 30명은 처형, 25명은 종신형에 처했다. 나는 블랙리스트라는 말을 1970~1980년대 노동운동사를 다룬 역사책에서 처음 봤다. 당시에는 노동운동가를 탄압하기 위한 명단을 작성해서 재취업이 불가능하게 만들었다. 공장에 들어가서 노동조합 만드는 것을 막기 위해서였다. 그런데 이 블랙리스트가 알바 노동시장에도 존재했다. 이번에도 해커스어학원이다. 2016년 4월 5일에 작성한 것으로 보이는 '아르바이트 재입사 불가 명단'의 일부다.

'말투가 어눌하고, 지시하지 않으면 업무를 하지 않음. 업무 능력도 떨어짐.'

'한국말이 조금 서툴고, 특이한 사고방식을 가졌음. 조교들과도 잘 어울리지 못하며 업무 이해 능력이 떨어짐.'

'말이 굉장히 많고, 성격이 특이하여 학사 조교들과도 잘 어울리지

못함.'

'눈에 장애가 있어 시선을 고정하지 못하고, 땀 냄새가 매우 심했습니다.'

엑셀로 작성한 이 문서에 이름을 올린 사람은 무려 213명이다. 문서에는 알바노동자들의 개인 정보가 다 적혀 있다. 개인 정보 옆에는 위의 내용처럼 인격 모독과 명예훼손에 해당할 만한 내용이 적시되어 있다. 장애인 비하와 외모 평가도 있다.

회사의 블랙리스트 작성은 근로기준법 제40조 취업 방해의 금지 '누구든지 근로자의 취업을 방해할 목적으로 비밀 기호 또는 명부를 작성, 사용하거나 통신을 하여서는 아니 된다'를 위반한 것으로 5년 이하의 징역 또는 3천만 원 이하의 벌금에 처한다. 회사는 자신의 이익을 위해 작성한 것이겠지만, 노동자는 유일한 생존 수단인 취업의 길이 완전히 막히게 돼 생계가 막막하게 된다. 찰스 2세가 자신의 정적들을 처형했다면, 회사는 노동자를 노동시장에서 삭제했다.

CU 편의점에서 알바를 하던 R도 황당한 일을 겪었다. R은 주휴수당에 대해 알고 있었다. 하지만 주휴수당을 이야기하면 채용 안 될 것이 분명한 탓에 일을 그만둘 때 주휴수당을 달라고 해 받아내곤 했다. 법이 보장한 정당한 권리인데도 사장은 속았다며 도리어 화를 냈고, 실랑이 끝에 주휴수당을 받으면 항상 찝찝한 마음이 남았다. 그런데 이상한 일이 벌어졌다. CU A지점에 입사 지원을 해 면접을 보고 합격까지 했는데, 며칠 뒤 합격 취소 통보를 받은 것이다. 먼저 면접을 본 알바노동자를 채용했다는 취지였다. 그런데 며칠 뒤 같은 매장에 채용 공고가 또다시 떴다. 의아하게 생각하던 와중에 B편의점에 지원을 했다. 그리고 며칠 뒤 B편의점 사장이 "전에 일하던 곳에서 사고 친 적 있나?"라고 되물었다. CU를 관리하는 세무사가 R을 채용하지 않는 게 좋겠다는 의견을 줬다는 것이다. 두 가지의 가능성이 있다. 먼저 지역 점주들 차원에서 알바들의 정보를 서로 공유했을 가능성이다. 둘째는 본사 차원의 개입이다. 1만 4천 명의 회원을 거느리고 있는 인터넷 커뮤니티 '전국편의점알바생'에서는 이 두 가지 가능성에 대해 편의점 알바노동자들의 증언이 종종 올라온다.

블랙리스트를 무책임한 알바노동자, 일명 '알바추노'를 방지하기 위해 어쩔 수 없이 만든 것이라고 주장하는 사람들도 있다. 알바추노를 비난하기 전에 알바를 하다가 도망가는 현상이 왜 이렇게 일상화되었는지를 생각해보자. 낮은 임금과 열악한 노동 환경이 경제적·물질적 배경이라는 말은 이미 했다. 하지만 알바노동자들이 왜 불만을 제기하거나, 노동청에 신고를 하거나, 노동 단체에 도움을 요청하지 않는가에 대해서는 좀 더 고민이 필요하다. 현행법에는 근로기준법 위반의 경우에는 즉시 일을 그만두더라도 아무런 문제가 없다. 당당히 사표를 던져도 된다는 말이다. 하지만 노동청에 신고를 할 경우 알바노동자는 회사의 매니저나 사장의 얼굴을 보면서 견뎌야 한다. 게

다가 근로감독관이 제대로 사건을 처리하지 않거나 늦게 처리하는 경우가 비일비재하다. 이럴 때 주변의 동료들이 함께할 수 있는 직장이라면, 가령 직장에 노조가 있다면 어느 정도 견딜 만하다. 그런데 알바노동자들이 일하는 사업장은 규모가 작아 노동조합은커녕 동료조차 없는 경우가 허다하다. 설사 법적으로 이긴다 하더라도 얻을 수 있는 일자리가 최저임금 일자리라면 힘들게 싸울 이유도 없다. 어쩌면 알바추노는 국가나 공동체로부터 도움을 받을 수 없는 개인이 선택할 수 있는 유일한 저항 수단일지도 모른다.

나를 보호하기 위한 작은 팁

지금까지 근로계약서, 주휴수당, 퇴직금, 휴게 시간 등 알바노동자들이 보장받아야 할 기초적인 근로기준법 위반 사례를 살펴봤다. 사실 근로기준법 위반 사례는 무궁무진해서 책 한 권에 담기 어렵다. 다만 여기서 우리가 확인할 수 있는 것은 근로기준법 위반이 서로 연결되어 있다는 사실이다. 근로계약서를 쓰지 않으면 노동했음을 증명할 수 없다. 노동시간 기록이 없으면 주휴수당 발생 여부를 알 수가 없고, 휴게 시간과 퇴직금이 주어져야 하는지도 알 수 없다. 결정적으로 근로계약서도 안 쓰는 사업장이 주휴수당이나 퇴직금을 챙겨줄리 없다.

누군가는 이런 부당한 현실에 맞서 싸워야 하지 않느냐고 질타한다. 법 공부 좀 하라고 잔소리도 한다. 그러나 이 글의 결론은 '법을 알자'가 아니다. 법을 알아도 말할 수 없는 현실에 대한 이야기다. "사장님, 저 시재 채우기는 불법이니까 못하겠어요"라고 하면 사장이 "그래, 알겠어요"라고 할까?

"피시방 면접 보러 가서 '주휴수당은 주시냐?'라고 물어보니깐, 모른다고 하셨어요. 그때부터 분위기가 이상해졌어요. 사장님이 갑자기 '청소 잘하냐'고 물어봤고, '잘한다' 하니까 '게을러 보인다'고 하더라고요. 면접실이 따로 있는 게 아니라 오픈된 장소에서 면접 보러 온 사람들이 쭉 늘어서서 자기 차례가 오길 기다리고 있었어요. 그때 (2015년) 시급이 5,580원 하던 시절인데, 갑자기 사장이 사람들한테 5,500원을 준다고 하더라고요. 그러고 나서 면접 보러 온 사람에게 '80원 아까워요?' 이렇게 묻더라고요. 사람들은 '아니요'라고 일제히 대답하고……."

23세 알바노동자의 경험담이다. 이처럼 현실에서는 법을 지키라고 이야기했다가 이상한 사람으로 찍힐 가능성이 높다. 그래서 최소한 다음과 같은 증거들을 모았다가 알바상담소, 알바노조, 청년유니온, 민주노총 등의 노동 단체나 법률구조공단의 도움을 받아 사건을 해결하는 게 유리하다.

일단 일기를 쓰자. 몇 시에 출근했고 몇 시에 퇴근했는지 매일매일 자세히 기록했다면 증거의 효력이 있다. 사는 얘기까지 들어가 있다면 나중에 책으로 출판할 수도 있지 않을까? 알바노동자들은 우리 사회 노동 문제의 중요한 증언자다.

두 번째로 교통카드다. 지하철이나 버스를 이용한다면 출퇴근 시간을 유추할 수 있다. 매주 월, 수, 금 아침 8시 10분쯤에 똑같은 버스를 같은 정류장에서 탔다면 출근했다고 볼 수 있다. 마찬가지로 근무지의 지하철이나 버스를 탄 기록은 퇴근 기록부의 역할을 할 수 있다. 사업장에 출퇴근 시스템이 없다면, 내 교통카드가 출퇴근 기록부인 셈이다.

세 번째, 계좌로 임금을 받아야 한다. 매달 일정한 금액의 돈이 같은 계좌로 들어온다면 용돈이거나 임금일 확률이 높다. 사장 이름으로 들어올 테니 더욱 확실하다. 그러나 위에서도 보았듯이 이것을 회피하기 위해서 현금으로 주는 사람들이 꼭 있다. 그럴 땐 월급 봉투에 날짜와 금액을 적어 두는 게 필요하다. 그리고 현금을 받자마자 사용하지 말고 전액 계좌에 입금해서 전산에 기록을 남겨두는 것이 좋다.

마지막으로 사장과 주고받은 카톡이나 문자, 통화나 대화 녹음도 매우 중요한 기록이다. 약자들에게 녹음은 생활이다.

위에서는 다루지 않았지만, 알바노동자들은 해고가 참 쉽다. 특히 5인 미만 사업장에서 일하는 노동자들은 사장이 마음대로 해고하더라도 법으로 구제받을 수단이 없다. 그래도 영세 사업장의 알바노동자가 해고로부터 자신을 보호할 수 있는 유일한 제도적 수단이 있다. 바로 해고예고수당이다. 사용자가 30일 전에 미리 이야기하지 않고 해고를 하면 30일치의 통상임금을 받을 수 있다. 한 달 월급이 아니라 일당 곱하기 30일이라는 점, 하루 만에 해고되더라도 받을 수 있다는 점을 잊지 말자. 노동자는 갑자기 해고되면 일을 구하는 동안의 생계비를 마련할 방법이 없기 때문에 만들어진 제도다. 반대로 퇴사할 때는 30일 전에 미리 이야기를 하지 않으면 회사로부터 민사상 손해배상청구를 받을 수 있으니 마음에 안 든다고 무단으로 결근하는 것은 좋지 않다. 단, 거듭 강조하지만 근로기준법을 하나라도 위반한 사업장이라면 즉시 그만둬도 괜찮다.

마지막으로 4대 보험이다. 사람들은 이것을 월급에서 떼는 세금이라고 부르는데 엄연히 나중에 되돌려 받을 수 있는 보험이다. 4대 보험의 혜택을 제대로 받아본 경험이 없기 때문에 세금으로 느낄 뿐이다. 나중에 자세히 살피겠지만 4대 보험은 노동자에게 매우 중요하다. 고용보험을 들어놓으면 실직했을 때 실업급여를 받을 수 있다. 국민연금도 중요하다. 많은 사람들이 국민연금의 자금이 마른다고 하는데, 그럼에도 불구하고 사기업 연금보다는 수익률이 좋다. 국민연금이 없으면 노후 생활을 사기업 연금으로 대비해야 하는데, 이윤을 목적으로 하는 사기업이 국가보다 나을 리 없다. 산업재해보험의 경우 보험료를 노동자가 부담하지 않아도 되는 데다, 일하다 다쳤을 때 혜택도 많다. 이러한 이익 때문에 알바노동자도 4대 보험에 드는 것이 확실히 유리하다. 하지만 당장 돈이 급한 알바노동자에게 4대 보험료는 부담스러운 게 사실이다. 게다가 실업급여나 국민연금의 혜택은 너무 먼 이야기다. 따라서 영세 사업장 사장뿐 아니라 노동자에게도 4대 보험에 대한 국가의 지원이 꼭 필요하다.

6

국가가 버린 국민

거기서 나도 화나서 따졌더니 '알바 새끼가 어디서 깝치냐'고 '니 몇 살이냐'는 식으로 계속 욕함.

'알바생 주제에'라는 말을 10번쯤은 들었다. 결국 맞으면서 계속 '돈 내놓으라'고 해서

결국 변상 받았는데 카드를 던짐.

지금까지 이야기들은 알바노동자, 매니저, 사장에겐 익숙하다. 각종 인터넷 커뮤니티에는 알바노동자들의 부당한 대우에 대한 이야기가, 포털사이트에는 노동법 상담 글이 매일같이 올라온다. 당연히 국가도 이런 상황을 잘 알고 있다. 고용노동부 통계를 보더라도 최저임금 위반율이 항상 10% 이상이고, 근로계약서를 안 쓰는 비율도 40% 가량이 넘는다. 그럼에도 불법적인 운영이 근절되지 않고 있다. 우리 사회가 알바노동자의 노동 조건을 방치하고 있다는 증거다. 국가는 왜 알바노동자들을 버렸을까? 근로감독관이 알바노동자에게 무심코 내뱉은 말이 조금의 진실을 보여준다.

"자신은 다른 사건으로 3억 관련 건도 있는데 고작 일급으로 시간을 써야겠냐고 말했어요."[39]

국가는 최저임금을 받는 알바노동자에게 시간을 쓸 수 없다고 말한다. 임금 차이가 국가로부터 보호를 받을 수 있는 자격을 결정하는 중요한 기준이다. 그러므로 알바노동자는 국가와 공동체에 도움을 요청하기보다 자격 획득 경쟁에 뛰어드는 게 훨씬 낫다. 법과 절차에 따라서 자신의 권리를 찾기 위한 노력은 쓸데없다. 그 시간에 개인 능력을 쌓는 것이 더 효율적이다. 이것은 어리석은 판단이 아니라, 주어진 조건에서 할 수 있는 합리적인 판단이다.

문제는 이 주어진 조건, 즉 현재의 국가 시스템을 계속 유지하는 것이 가능한지 한번쯤 고민해볼 필요가 있다는 점이다. 고민의 지점은 크게 두 가지다. 우선, 근로기준법의 보호 밖에 있는 알바노동자들이 겪는 물질적인 피해다. 그 다음은 국가와 사회 시스템으로부터 배제됨으로서 겪는 정서적 피해다. 전자는 2016년 체불임금액 1조 4천억 원(2016년), 후자는 자살률 세계 1위라는 사회 지표로 나타나고 있다. 조금은 비현실적으로 보이는 이 통계들을 만들어낸 한국의 국가 시스템과 알바노동자들의 삶으로 들어가 보자.

현실의 근로감독관

알바노동을 기업은 물론 공공 기관까지 적극 활용하고 있지만, 알바노동자들이 스스로를 보호할 수단은 별로 없다. 노동조합의 도움조차 받을 수 없는 알바노동자들이 선택할 수 있는 유일한 수단은 국가의 힘을 빌리는 것이다. 알바노동자가 도움을 청할 수 있는 국가 기관이 노동청이고, 이곳에서 노동자들을 지원하는 사람이 바로 근로감독관이다. 근로감독관은 특별사법경찰의 지위를 가지며 수갑과 포승줄도 소지하고 있다. 노동 사건을 담당하는 경찰이라고 보면 된다. 실제 2017년 가을에 MBC 김장겸 사장의 부당 노동 행위에 대한 체포영장을 근로감독관이 집행하려고 해서 화제가 되기도 했다. 국가도 이 같은 역할을 명시하여 근로감독관이 임명될 때 다음과 같은 선서를 하게 한다.

나는 국민 경제의 균형 있는 발전과 근로자 권익 보호의 사명을 지닌 근로감독관으로서 열과 성을 다하여 소임을 완수할 것을 아래와 같이 다짐한다.

① 나는 노동관계법을 숙지하고 근로 기준의 확보와 근로자 생활 향상을 도모함으로써 노사 협조 정착에 최선을 다한다.

② 나는 노사의 신뢰를 바탕으로 노사 문제를 공정하게 조정 해결함으로써 노사 관계 안정에 기여한다.

③ 나는 민원인에게 친절히 대하고 업무를 공명정대하게 처리하며, 청렴한 공직자상을 구현한다.

④ 나는 끊임없는 연구와 노력을 통하여 자기 소양을 계발함으로

써 새 시대가 요구하는 근로감독관상을 정립한다.

근로 기준의 확보와 근로자 생활 향상을 노사 협조의 전제이자 국민 경제 발전에 기여하는 것으로 규정하고 있다. 이에 따르면 노동법을 지키자는 이야기는 좌파나 별난 사람의 주장이 아니라, 경제 발전에 보탬이 되는 애국적 행위다. 물론 현실은 그렇지 않다. 노동청에 신고하는 순간 해고와 관계의 파괴를 각오해야 한다. 게다가 어렵게 결단해서 근로감독관을 찾아가더라도 그 결과는 참담한 경우가 많다. 2016년 겨울 알바노조가 노동청 진정 경험이 있는 알바노동자 100명을 상대로 벌인 설문 조사 결과, 놀랍게도 응답자 중 99명이 근로감독관의 태도와 일처리에 불만을 나타냈다. 도대체 노동청 안에서 무슨 일이 벌어지고 있는 것일까?

세븐일레븐에서 1년 3개월 동안 근무한 K는 근로감독관과의 만남에서 일어날 수 있는 최악의 일을 모두 겪었다. K는 퇴직을 하면서, 그동안 받지 못한 주휴수당과 퇴직금을 달라고 했다. 그러자 사장은 그를 절도죄로 고발했다. K는 고용노동부 서울남부지청을 찾았다. 근로기준법을 어긴 근로 계약은 모두 무효인데도 사장은 자신 있게 "원래 (주휴수당을) 안 받기로 하고 일을 하지 않았느냐"라고 주장했다. 이 말이야말로 주휴수당을 체불했다는 강력한 증거였다. 그런데도 근로감독관은 주휴수당을 못 받는 걸로 몰아갔다. 사장의 사정이 좋지 않다는 이야기까지 보탰다. 근로감독관의 이런 태도에는 알바노동자에 대한 지독한 편견이 한몫했다.

"편의점 직원들이 가게 물건 한두 개 집어가는 것은 상식 아니냐?' 이런 식으로 정말 모욕적인 말들을 하면서 고함을 지르고 분위기가 정말 살벌했습니다. 이 과정에서 옆에 있던 업주가 온갖 상스러운 욕을 내뱉으며 소리를 지르는데도, 감독관은 제지하거나 주의를 주지 않았습니다. 저는 공무 집행을 방해하고 싶지 않아서 아무 대응도 하지 않았습니다. 그때 옆에는 두 명의 감독관들이 더 앉아 있었습니다. 결국 감독관의 분위기가 너무 공포스러워서 저는 조서에 도장을 찍고 나왔습니다."

사장이 고소한 절도죄는 이후 무혐의 처리됐다. 노동자에 대한 지독한 편견은 2014년 10월 근로감독관의 '노예 발언'에서도 엿볼 수 있다. 김해 지역의 LG 유플러스 수리 설치 기사 노동자들이 체불임금을 받으러 부산고용노동청 북부지청에 갔다. 거기서 "여러분들이 사실은 요새 노예란 말이 없어 그렇지 노예적 성질이 근로자성에 다분히 있어요"라는 소리를 근로감독관으로부터 들었다. 개인의 일탈적 행위라고 보기에는 이런 사례들이 너무 많다.

근로감독관들의 편견은 진정인에 대한 고압적인 태도로 이어진다.

"근로감독관은 반말로 '사장과 면담을 하라', '평범한 아주머니인 사장을 왜 나쁜 사람 취급하냐', '너만한 딸이 있다는데 그러고 싶냐'

등의 말을 했습니다."[40]

범법자는 사장인데 신고한 알바노동자를 죄인 취급한다. 심지어 왜 이제 와서 문제를 만드느냐는 식의 반응도 있다.

"'긴 기간 동안 힘들어도 참고 일했는데 더는 못 견디고 나왔다'라고 했더니, 왜 참았느냐고 부당하다고 생각 들면 바로 나왔어야 한다고, 그냥 아무 말 안 하고 남아 있는 건 암묵적인 예스라는 뜻이라더군요."[41]

민법상의 계약은 대등한 개인 간 계약이다. 그래서 당사자의 동의가 중요하다. 하지만 노사 관계는 채용과 해고, 업무 지시에서 강력한 권한을 가진 사용자와 사용자로부터 생계비를 받고 일하는 노동자가 대등하지 않다는 점을 전제로 한다. 동의 뒤에 숨어 있는 위계와 권력을 잘 살펴야 한다. 그래서 근로기준법을 만들고, 노동자가 국가에 도움을 청할 수 있도록 노동청과 근로감독관을 만들었다. 그런데 정작 신고한 사람을 비겁한 배신자처럼 대한다. 근로감독관은 자신의 존재 이유와 근로기준법의 취지를 이해하지 못하고 있다. 이런 몰이해의 또 다른 모습이 바로 삼자대면이다.

"처음 진정을 넣었을 때부터 근로감독관은 삼자대면을 요구했습니다. 저는 사장으로부터 인신공격과 언어폭력을 당한 직후였기에 사장 만난다는 생각만해도 손발이 부들부들 떨릴 지경이었습니다. 이런 저의 사정을 근로감독관에게 전하며 삼자대면만 제외한다면 무슨 일이든 다 협조하겠다고, 방법만 알려달라고 했습니다. 하지만 감독관은 진정인인 제가 수사에 협조하지 않는다면 수사를 접을 수밖에 없다며 저를 협박했습니다."[42]

삼자대면은 근로감독관이 수사 기록과 증거를 충분히 검토한 뒤 꼭 필요한 경우에만 해야 한다. 하지만 근로감독관들은 빠르게 소액 사건들을 처리하기 위해서 바로바로 삼자대면을 한다. 현장 조사, 참고인 조사 등을 거치지도 않은 채 전화 통화와 삼자대면으로 수사를 종결하는 것이다. 노동청 진정까지 갔다면 대부분 사장과의 관계가 좋지 않다. 게다가 사장은 알바노동자의 개인 정보를 가지고 있다. 알바노동자의 주거지와 사업장이 가까운 경우도 많다. 따라서 노동청 진정을 넣는 것은 세간의 생각과 달리 쉬운 일이 아니다. 진정을 포기하는 경우도 많다.

심지어 직장 내 성희롱 사건도 삼자대면을 요구하는 경우가 있다. 2016년 11월 16일 서울 남부고용노동청은 김포공항 청소 노동자와 청소 용역 업체 관리자를 대질 조사했다. 직장 내 성희롱 사건이었다. 김포공항 청소 노동자들의 증언은 충격적이었다. 관리자들은 노동자들의 가슴에 멍이 들도록 만지거나 강제로 키스를 했다. 노래방에서 술 접대와 춤추기를 지시했다. 이런 내용들을 다른 민원인들과 조사관들이 있는 뻥 뚫린 노동청 사무실에서 가해자와 함께 대질 조사를 받는 심정을 떠올려보라.

2016년 한국의 체불임금액은 1조 4,286억 원으로 일본의 10배(131억 3,502억 엔(1,340억 원))에 달하고, 미국의 12억 달러(1조 3,722억 원)와 비슷하다. 미국 인구는 3.2억 명이고 한국은 5천만 명이다. 신고하지 않은 체불임금액과 민사소송 사건, 특수고용직 체불임금액은 제외다.[43] 근로기준법에서 체불임금은 반의사불벌죄다. 피해자가 처벌을 원하지 않으면 형사적으로 처벌할 수 없다. 형사처분이란 벌금부터 징역형까지 범죄 행위에 대해 처벌하는 것이고, 민사처분은 피해액에 대해 보상받는 것이다. 근로감독관은 이 형사처분과 관련한 일을 한다. 그들은 빠른 사건 종결을 위해 '형사처분을 취하하지 않으면 고용주가 체불임금을 주지 않을 것이다'라며 노동자를 겁박하곤 한다.

"제가 체불임금으로 사용자를 고소하겠다고 하니 돈도 받았고, 그 돈도 적은 돈인데 굳이 고소해야겠냐며 사업자 편을 들어줬습니다."[44]

이 말에도 조금의 진실은 있다. 벌금 내고 체불임금은 안 주겠다고 나오는 사장들이 있기 때문이다. 체불임금 받으려면 피해자인 알바노동자가 민사소송을 다시 해야 한다. 하지만 노동청을 찾아오기까지도 힘들었던 알바노동자에게 민사소송은 만만한 일이 아니다.

"노동청에 출석하여 감독관님을 만나 엑셀로 정리한 주휴수당, 퇴직금을 증거 자료로 드렸고, 감독관님께서 다시 산출한 금액은 총 4,666,500원입니다. 사장은 제게 준 식대를 '주휴수당이다, 보너스를 퇴직금이다'라고 거짓말을 하여 확인 전화가 왔고, 저는 신고 직후 사장에게 걸려온 전화를 녹취하였으며 이를 통해 사장이 '주휴수당이란 것을 아예 몰랐고 보너스는 퇴직금이 아니다'라고 말한 것을 밝혔습니다. 그러나 사장은 몇 번 준 용돈을 언급하며 억울하다고 감독관님에게 거듭 이야기했고 사건 진행은 더디게 되었습니다. 감독관님 또한 제가 먼저 전화를 걸기 전까지는 진행 사항을 알려주지 않았습니다. 감독관님에게 전화를 걸어 물어보니 사장이 지금 소송 준비 중이라고 했으며, 저에게 '여기는 형사처분만 해주는 데지 돈 받아 주는 데가 아니니 민사소송을 걸어야 한다'라고 했습니다. 시정 공고가 나간 상태이지만 사장은 연락이 없고, 근로감독관님과 통화했을 때는 준다고 말하지만 계속 저에게 물러날 생각 없냐며 협의를 강요했습니다. 제가 녹취를 해서 본인(근로감독관)이 불리해질 거 같다며 더 이상의 말을 아꼈습니다."[45]

정말로 지난한 과정이다. 신고를 하고 임금을 계산했는데(근로감독관이 계산하지 않는다. 증거도 알바노동자가 가져가야 한다), 사장은 주휴수당과 퇴직금을 명절이나 생일, 크리스마스 때 준 용돈으로 퉁치려고 한다. 심지어 소송을 하겠다며 허세를 부린다. 그런데도 근로감독관은 여기는 돈을 받아 주는 곳이 아니라며 알바노동자에게 물러날 생각이 없느냐고 묻는다. 만약 근로감독관이 사장에게 임금 체불로 징역을 살 수 있다고 법에 있는 대로 이야기하고 실제로 그런 처벌이 이루어지는 나라라면, 사장이 이렇게 뻔뻔한 태도를 보일 수 있을까?

또한 민사소송해서 체불임금을 받으라는 말만큼 무책임한 말도 없다. 소송에는 시간이 따른다.

재판은 곧 생존을 담보로 한 기나긴 싸움이다. 자본주의 경제학의 초석을 다진 애덤 스미스도 이것을 잘 파악했다. 그는 《국부론》에서 사용자는 돈이 많기 때문에 노동자와의 싸움을 견딜 수 있지만, 노동자는 당장의 생계비가 없기 때문에 싸우기 어렵다고 말한다. 시간은 사용자 편이다. 실제로 노동청 진정 사건의 결과를 받아내는 데는 엄청난 시간이 걸린다. 알바노조 조합원 S는 진정 과정만 6개월, 이후 재판까지 합쳐 무려 20개월 만에 체불임금 579만 원을 받아냈다.

근로감독관이 노동법을 모르는 경우도 있다.

"제가 체불임금으로 진정을 넣은 뒤 연락이 왔습니다. 주휴수당은 5인 이하 사업장은 안 된다고 말하더라고요. 얼마나 어이가 없던지요."[46]

주휴수당은 주 15시간 이상 일한 노동자라면 상시근로자 수와 관계없이 지급받을 수 있다. 이제 이 정도의 사실은 네이버 지식인들도 안다. 그래서 근로감독관은 언제나 공부를 해야 한다. 사실 근로감독관은 일반 공무원으로 전문적인 노동법 지식을 지닌 사람이 아니다. 공무원으로 있다가 연수와 교육을 받고 배치된다. 근로감독관들이 진정 사건을 각하시킬 때 가끔 그 사유를 모호하게 쓰는 경우가 있다. 엉뚱하게 써서 꼬투리를 잡힐까 봐서다.

근로감독관은 왜 이럴까

지금까지 근로감독관을 맹비난했다. 하지만 개인에게 책임을 돌려서는 근로감독관을 이렇게 만든 진짜 책임자를 제대로 찾아낼 수 없다. 2016년 12월 12일 한 근로감독관이 뇌출혈로 쓰러졌다. 그는 위에서 서술한 김포공항 청소 노동자 사건을 맡고 있었다. 언론에 크게 보도되고 국정감사에도 올라간 사건이다보니 부담이 크고 야근도 잦았다. 피해를 입은 국민들은 제대로 구제받지 못하고, 공무원들은 과로사하는 악순환이 벌어지고 있다. 왜 이럴까?

인력이 너무 부족하다. 현재 근로감독관은 정부가 정한 정원도 채우지 못하고 있다. 2015년 5월 기준 근로감독관 정원은 1,696명이다. 육아휴직, 병가, 5급 이상 공무원을 뺀 실무 인력은 1,358명이다. 여기서 산업재해 예방 활동을 하는 인력을 빼면 실제로 근로기준법 위반 사건을 다루는 인력은 1,047명에 불과하다. 1,047명 가운데 본부 소속 48명을 빼고 순수하게 각 지역 노동청에서 일하는 근로감독관은 999명이다.

이렇게 말해서는 감이 오지 않을 것이다. 이들의 업무 범위는 한국 전체 사업장과 근로자이다. 그러므로 전체 사업장과 근로자 수를 근로감독관 수로 나누면 업무 강도가 나온다. 2015년 6월 기준 한국 전체 사업장은 1,752,503개, 노동자는 15,339,865명이다. 이걸 실무 인력으로 나누면 1명의 근로감독관이 관리하는 사업장은 1,758개, 노동자는 15,386명이다. 믿을 수 없는 수치다. 실제 신고 건수도 봐야 한다. 2015년 12월 기준 노동청의 실무 인력은 5월에 비해 2명이 줄어 997명이다. 이들에 대한 설문 조사 결과, 믿기지 않겠지만 일인당 월 평균 신고 사건은 45.37건이다. 근로감독관들이 제대로 처리할 수 없는 숫자다.

게다가 앞에서 보았듯이, 근로기준법의 허점을 이용한 기업들의 노무 관리 수법이 기발해지면서 제대로 된 대응이 힘들어지고 있다. 알바노동자의 경우 근로계약서도 쓰지 않고, 증거도 확보하기 어렵기 때문에 사건 처리가 더 힘들다. 근로감독관이 다루는 노동법 관련 법률은 근로기준법만이 아니다. 최저임금법, 남녀고용평등법, 노동조합 및 노동조합관계법까지 무려 16개에 이른다. 또 시시각각 새로운 대법원 판례들이 나오기 때문에 계속 공부를 해야 한다.

따라서 근로감독관을 획기적으로 늘릴 필요가 있다. 현재 1,000명도 안 되는 근로감독관을 3,000명 정도로 늘리면 1인당 신고 사건이 월 15건 정도로 확연히 줄어든다. 독일에는 약 6,000명의 근로감독관이 있다.

두 번째로 노동조합의 힘을 키우고 노동법 교육을 국가 차원에서 실시할 필요가 있다. 정규 교육과정에서부터 노동법을 가르쳐서 사장이든 노동자든 노동법에 대한 기본 지식을 갖추게 해야 한다. 그러면 노동청 진정까지 갈 필요가 없는 최저임금법이나 주휴수당 위반 같은 사건들은 큰 갈등 없이 해결할 수 있다. 그리고 노동조합을 활성화해서 노동자와 사용자가 갈등을 스스로 해결할 수 있는 힘과 문화를 만들어야 한다. 노동조합이 있다면, 노동법 교육은 물론 유리한 증거 확보를 위한 활동을 체계적으로 할 수 있어서 보다 간단하게 사건을 처리할 수 있다. 또한 노동조합이 존재만 해도 사용자는 근로기준법을 준수하려고 애쓸 것이다. 개별화되고 만만하게 보이는 알바노동자가 아니라, 집단적이고 전문적인 힘을 가진 노동조합과의 싸움이라면 사용자가 이길 가능성이 적기 때문이다. 그러나 지금은 근로기준법을 제대로 지키지 않고 노동조합을 터부시하는 문화가 사회적 비용으로 부메랑처럼 되돌아오고 있다.

세 번째로 명예근로감독관 제도를 도입할 필요가 있다. 노동 환경에 밝은 시민단체와 활동가에게 근로감독관의 지위를 부여하면 보다 능동적으로 사건을 해결할 수 있다.

마지막으로 근로기준법과 노동법 사건의 특성을 잘 아는 노동 전문 법원도 상상해 볼 수 있다. 노동법은 사시나 로스쿨에서 중요하게 다루지 않는다. 노무사나 변호사가 되더라도 사측에 서지 않으면 돈도 안 된다. 알바노동자들의 임금 체불에 대한 수임료가 얼마나 되겠는가? 따라서 전문성을 갖춘 노동 전문 법원을 세워 노동법 위반에 대해 강력하게 대처한다면 감히 근로기준법을 어기지 못할 것이다.

형사처분과 더불어 무료법률구조공단에서 하는 민사상 재판의 지원도 확대해야 한다. 진정과 함께 원스톱으로 민형사상 지원 체계를 마련하는 방안도 생각해야 할 것이다. 도대체 누가 무료법률구조공단에서 임금채권 소송을 무료로 하고 있다는 것을 안단 말인가?

근로기준법의 한계

알바노동자와 상담할 때 가장 먼저 하는 질문이 있다. "근로계약서 쓰셨나요?" 안 쓰는 경우만이 아니라, 용역계약서를 쓰는 경우도 있기 때문이다. 그 다음 질문. "사업장에서 몇 명이 일하나요?" 사업장에서 일하는 사람 수에 따라 근로기준법의 보호를 받는 내용이 완전히 달라진다.

우선 5인 미만 사업장에서는 생리휴가를 쓸 수 없다. 물론 5인 이상 사업장에서도 생리휴가를 실제로 쓸 수 있을지는 의문이지만, 5인 미만 사업장에서는 법으로 보장이 안 된다. 야간수당도 없다. 그래서 한두 명이 일하는 편의점 노동자는 야간수당을 받지 못한다. 연장수당과 연차도 마찬가지다. 연장 노동을 해도 50%의 가산임금이 부과되지 않을 뿐 아니라, 주 12시간으로 정해진 연장근로시간의 제약도 없으니 맘 놓고 일을 시킬 수 있다. 한 달 개근하면 1일(유급휴일), 1년 동안 80% 이상 출근하면(휴일을 빼고 실제 근무일의 80%) 다음해에 쓸 수 있는 15일의 연차(유급휴일)가 발생하는데, 이것도 5인 이상 사업장의 주 15시간 이상 노동자에게만 주어진다. 이 휴일을 쓰지 않고 일을 하면 연차수당이라는 이름으로 수당을 받을 수 있지만, 5인 미만 사업장 노동자는 해당되지 않는다. 5인 미만 사업장에서는 알바노동자가 '꺾기'를 당해도 휴업수당을 받을 수가 없다. 손님이 없으니 한두 시간 쉬다 오라고 해도, 갑자기 가게 인테리어를 한다고 한 달 동안 쉬라고 해도 휴업수당을 받을 수 없다. 그러나 가맹 형태의 모든 사업장을 직영화한다면 이 가산수당과 생리휴가, 연차휴가가 발생한다. 2~4명의 노동자를 고용하는 수많은 '사장님'을 만들어내는 프랜차이즈 본사가 임금 할인의 혜택을 누리고 있는 셈이다.

해고도 손쉽다. 근로기준법 23조는 '사용자는 근로자에게 정당한 이유 없이 해고, 휴직, 정직, 전직, 감봉, 그 밖의 징벌(懲罰)(이하 "부당해고 등"이라 한다)을 하지 못한다'라고 못박고 있다. 해고되더라도 노동자는 3개월 이내에 노동위원회에 부당해고구제신청(28조)을 할 수 있다. 이기면 무효가 되고 신청 기간 동안의 임금도 받을 수 있다. 그러나 5인 미만 사업장은 23조의 조항에 해당하지 않기 때문에 온갖 이유로 사장이 마음대로 잘라도 할 말이 없다. 또한 부당해고구제신청도 할 수 없다.

알바노동자에게 가장 기분 나쁜 것은 해고의 방식이다. 해고를 하려면 해고 사유와 시기를 서면으로 통보해야 한다(근로기준법 27조). 그래서 문자 해고, 구두 해고는 안 된다. 해고 사유를 잘못 쓰면 당연히 부당해고구제신청에서 노동자가 이길 가능성도 높다. 하지만 5인 미만 사업장의 노동자들에겐 '내일부터 나오지 마'가 전부다. 문자든 카톡이든 페이스북 메시지든 상관없다. 유일한 제어 수단은 갑자기 해고할 때 30일치의 통상임금을 지급하게 하는 해고예고수당뿐이다. 사장이 이것을 알고 있다면 해고 30일 전에 예고를 하면 그만이다.

웹툰 〈송곳〉에는 주인공이 회사에 '취업규칙'을 보여 달라고 했다가 난리 나는 장면이 나온다. 취업규칙은 회사와 노동자가 맺은 약속으로 단체교섭보다 하위지만, 근로기준법보다 상위(물론 근로기준법보다 낮은 조건의 취업규칙은 무효다)의 효력을 지닌다. 그런데 취업규칙 자체가 부러운 사람들도 있다. 바로 편의점 등에서 일하는 알바노동자들이다. 취업규칙도 10인 이상 사업장만 작성하게 되어 있다.

이러한 5인 미만 사업장에 대한 차별은 국가도 인정하고 있다. 2008년 4월 14일 국가인권위원회는 '5인 미만 사업장 근로 조건 개선을 위한 법령 및 정책 개선 권고'라는 제목의 결정문을 내렸다.

나. 5인 미만 사업장 근로자의 저임금 문제 및 무제한적인 장시간 근로 예방 차원에서 법 제14조(법령 요지 등의 게시), 제50조 제2항(1일 8시간 근로) 및 제56조(연장·야간 및 휴일 근로 가산임금) 규정은 우선 적용

될 수 있도록 근로기준법 시행령【별표1】을 즉시 개정할 것.

그러나 이런 부분적인 고침보다 근로기준법이 전면적으로 시행될 수 있도록 하는 것이 가장 이상적이다. 무턱대고 하는 주장은 아니다. 언제나 근로기준법 개정과 적용은 300인 이상, 100인 이상 사업장 식으로 단계와 시간을 거치면서 이루어져왔다. 사용자가 적응할 수 있도록 말이다. 그런데 이 근로기준법의 확대 과정이 매번 5인 미만 사업장 앞에서 멈춘다. 국가인권위원회 권고 이후 10년이 지났지만 요지부동이다. 국가인권위원회 권고보다 10년 쯤 앞서 1999년 대법원은 다음과 같은 판결을 내렸다.

[1] '상시 사용 근로자 수 5인'이라는 기준을 분수령으로 하여 근로기준법의 전면 적용 여부를 달리한 것은, 근로기준법의 확대 적용을 위한 지속적인 노력을 기울이는 과정에서, 한편으로 영세 사업장의 열악한 현실을 고려하고, 다른 한편으로 국가의 근로 감독 능력의 한계를 아울러 고려하면서 근로기준법의 법규범성을 실질적으로 관철하기 위한 입법정책적 결정으로서 거기에는 나름대로의 합리적 이유가 있다고 할 것이므로 평등 원칙에 위배된다고 할 수 없다.

5인 미만 사업장의 근로기준법 적용 제외 규정은 11조(적용 범위)에 근거하고 있다. 그러나 사업장 인원수로 근로기준법 적용을 제외하는 나라는 거의 없다. 국가가 이 조항을 계속 유지하는 한 알바노동자는 노동자로서의 시민권을 획득하지 못한 채 정규직, 비정규직 다음의 3등 노동자가 될 수밖에 없다.

한편 주 15시간 미만의 초단시간 노동자들에게는 주휴수당, 연차휴가, 퇴직금, 4대 보험(산재는 적용)이 적용되지 않는다. 가산수당과 4대 보험 등을 영세한 사업자가 다 부담하는 것은 가혹하지 않느냐는 반론이 있을 수 있다. 그런데 생각을 해보자. 만약 주 10시간 일하는 노동자에게 주휴수당이 발생한다면, 그 노동자는 2시간에 해당하는 임금인 12,940원을 받을 수 있다((주 노동시간/5)×시급 6,470원(2017년 기준)). 이 노동자가 1년 동안 일해서 발생하는 퇴직금은 52시간치의 임금이다. 이를 최저시급 6,470원으로 곱하면 336,440원이다. 1년 동안 일한 노동자에게 이 정도의 돈을 주는 것도 아깝다고 한다면 할 말이 없다. 다만 주 15시간이라는 임의적 규정이 14.5시간이라는 기형적인 형태의 근로 계약을 유발하는 원인이라는 점은 지적하고 싶다.

마지막으로 빨간 날이 있다. 공휴일은 공무원들만 쉬는 날이다. 대부분의 기업은 공무원들의 노동 조건을 가져와서 공휴일을 약정휴일로 정한다. 그래서 알바노동자들에겐 휴일근로수당이 지급되지 않는다. 근로기준법상 휴일은 5월 1일 근로자의날 단 하루, 그리고 주휴일이 있다. 설날이나 추석도 마찬가지다. 남들이 일하기 싫을 때 일을 한다면 더 많은 보상을 주어야 하지 않을까?

300인 이상 사업장은 2020년, 30~300인 사업장은 2021년, 5~30인 사업장은 2022년부터 공휴일이 유급휴일로 바뀐다. 그러나 5인 미만 사업장은 언제 도입될지 알 수 없다.

제도의 사각지대 – 비정규직 사장님

2017년 삼일절엔 비가 추적추적 내렸다. 알바를 끝내고 퇴근을 하는데 '쾅' 소리가 들렸다. 대흥역 사거리 한복판에 오토바이와 사람이 나뒹굴었다. 파란색의 배달 대행업체 오토바이였다. 차선을 바꾸던 승용차에 부딪힌 모양이었다. 다행히 크게 다친 것처럼 보이지는 않았다. 알바노동자는 일어나서 연신 사진을 찍어댔다. 병원에 갈 생각보다는 배달 음식과 사고 수습으로 머릿속이 복잡했을 것이다.

산업재해는 될까? 될 수도 있고 안 될 수도 있다. 배달 대행업체 소속 라이더들은 신분이 사장이지만, 특수고용노동자로 인정되어 다른 노동자들처럼 산재에 가입하지 않더라도 당연 가입으로 보고 산재 처리가 된다. 다만 산재보험료를 반반씩 내고 싶지 않은 배달 대행업체 사장들이 산재 적용 제외 신청서를 라이더들에게 받기도 한다. 라이더들도 산재보험금의 절반을 내고 싶지 않거나, 사장의 요구 때문에 쓰는 경우가 있다. 이 경우에는 산재 처리가 안 된다. 그들의 애매한 신분 때문에 발생하는 문제다.

사고가 나서 산재 처리를 하는 것보다, 사고가 나지 않게 하는 게 더 중요하다. 그렇다면 안전 교육이 대안일까? 라이더들의 오토바이 속도계를 낮추는 가장 좋은 방법은 계몽이 아니라 임금 체계 개선이다. 대부분의 프랜차이즈 소속 라이더들은 배달에 목숨 걸 이유가 없다고 생각한다. 빠르게 달리지 않아도 근무 시간을 채우면 받을 수 있는 기본급이 있기 때문이다. 맥도날드는 배달 1건당 400원, 버거킹은 500원을 추가수당으로 받을 뿐이다. 과태료 문제도 있다. 라이더에게 가장 무서운 경찰은 완전무장하고 총을 든 경찰이 아니라, 소위 '빽차'라 불리는 순찰차. 횡단보도를 보행자와 함께 건너다가 마침 저 멀리서 빨간색과 파란색의 불빛이 눈에 들어왔다면 과태료다. 1차선 도로 바로 건너편에 배달 목적지가 있다고 중앙선을 넘다 색안경을 낀 경찰에 걸리면 4만 원이다. 순간 100건의 배달이 날아간다. 처음 입사했을 때 회사가 원하는 훌륭한 라이더가 되기 위해 35~40개의 배달을 하며 도로를 자유롭게 누비던 나도 분기별로 4만 원짜리 딱지를 끊으면서 신호를 준수하게 됐다. 괜히 무리하게 배달해서 과태료를 얻어맞는 것보다, 신호를 준수하고 안전하게 배달하면서 기본급을 받는 게 더 유리하다. 이처럼 라이더들의 기본급이 높을수록 오토바이의 속도는 내려간다. 기본급은 라이더들의 현실적인 안전판이다.

그러나 어떤 라이더들은 이놈의 안전판 때문에 생존의 위협을 받는다. 최저임금에 배달 건당 400원으로 주 5일 일해봐야 월 170만 원 남짓이다. 프랜차이즈는 주 5일 8시간 모두 일을 주지 않는다. 라이더들이 배달 대행으로 넘어가는 이유다. 배달 대행업체에서 일하는 라이더들은 보통 배달 1건당 3,000원을 받는다. 이들이 받는 것은 임금이 아닌 건당 수수료다.

2018년 기준 노동자 신분의 라이더들은 최저임금 7,530원을 받는다. 여기에 주휴수당까지 합치면 시간당 약 9,000원을 번다. 노동자가 받는 퇴직금과 연차를 고려하면, 배달 대행 라이더는 시간당 최소 4건의 배달을 해야 근로기준법상 근로자의 신분을 벗어 던진 의미가 있다. 게다가 4대 보험을 들지 않았기 때문에 실업이나 노후, 사고의 위험 부담도 스스로 져야 한다. 끊임없이 달려야 하는 이유다. 그런데 여기에 더 큰 위험이 있다. 시간당 배달을 많이 하기 위해 여러 개의 배달을 잡다보면 배달이 지연될 수 있다. 대행업체의 경우 예정 시간보다 20분이 늦어서 손님이 취소하면 음식 값을 물어야 한다. 3,000원 더 벌려다 1만 원이 넘는 음식 값을 물어줄 수는 없는 노릇이다. 전쟁 같은 시간을 보내야 하는 이유다.

한편, 대행업체 라이더들은 신분상 사장이기 때문에 오토바이를 지급받을 권리가 없다. 리스하거나, 자기가 가지고 있던 오토바이로 일을 해야 한다. 또 오토바이 수리비와 관리비도 든다. 리스비와 관리

비까지 생각하면 시간당 4건도 부족하다. 5~6건은 해야 수지가 맞는다. 배달 건수가 안 나오면 하루 10~12시간, 주 5일이 아니라 주 6일 일한다. 사장이 없으나 악덕 사장보다 악랄한 자기 착취가 일어나는 것이다. 이렇게 일을 하다보면 당연히 집중력이 떨어진다. 지난 8월 라이더유니온준비모임의 오픈 채팅방에는 한 장의 사진이 올라왔다. 8시간 근무 뒤 집에 가다가 70km의 속도로 앞차를 박아버렸다. 너무 피곤한 나머지 집중력을 잃었다. 사고로 라이더의 코뼈가 완전히 부서졌다. 100% 라이더의 과실이지만, 노동자였다면 출퇴근 산재 승인을 다퉈볼 수 있었다. 산재는 무과실 원칙이기 때문이다. 하지만 사장 신분이라는 생각에 스스로 포기했다.

결정적으로 보험 문제가 있다. 현재 영업용 오토바이의 경우 유상운송보험을 들어야 하는데, 보험료가 오토바이를 새로 사는 값보다 비싸다. 2018년 33세인 내가 출퇴근용 오토바이 보험료로 연 16만 원 정도를 내는데, 유상운송보험료는 약 300만 원의 견적이 나왔다. 나이가 어릴수록 보험료는 올라간다. 거제에서 대행업체를 운영하는 20대 사장의 증언에 따르면, 20대 배달원의 리스비가 월 80만 원 나왔다고 한다. 대부분은 보험료다. 그래서 유상운송보험을 들지 않고 출퇴근보험만 든 배달 노동자들이 많은데, 이들이 만약 사고를 냈을 때 보험 적용을 받지 못하는 경우가 많다. 이들의 대안은 뭘까? '도망친다.' 도망에 실패한다면 사고 당사자와 보험 회사 직원의 선의에 기댈 수밖에 없다. 운이 나빠 비싼 외제차라도 박는다면, 평생 자동차 수리비를 위해 도로 위를 달려야 할지도 모른다. 현금 장사로 많은 이익을 내는 보험 회사가 비현실적인 보험료로 사실상의 오토바이 보험 가입을 막아놓는 사이 사각지대가 생기고 있는 것이다. 자신의 안전을 위해 드는 보험료를 내기 위해 자신의 안전을 버리고 일을 해야하는 아이러니가 발생하고 있다.

2018년 겨울, 내가 일하고 있는 맥도날드 매장에서는 알바로 일하는 라이더들에 대한 구조조정이 벌어졌다. 나를 포함한 여러 명의 라이더들이 점주로부터 '앞으로 배달 대행업체를 적극적으로 쓰기로 했으니 다른 일자리를 알아봐라'라는 통보를 받았다. 주 5일 매일 아침 7시에 성실하게 출근하던 라이더도 여지가 없었다. 그는 엄청난 정신적 충격을 받았다. 사람들의 편견과 달리 최저임금 일자리지만 매일 아침 출근하던 직장을 잃는 것은 상당한 심리적 충격을 준다. 이처럼 1년 이하의 계약직 노동시장, 흔히 알바 노동시장이라 불리는 곳에서도 외주화와 구조조정의 바람이 불고 있다. 지금까지 맥도날드를 포함한 대형 프랜차이즈가 주 단위로 노동자 스케줄을 조정하면서 매출 변동에 따른 인건비를 조정했다면, 기술의 발전으로 하루 단위 심지어는 시간 단위로 인건비를 조정하기 시작한 것이다. 장사가 잘되는 점심시간에 썼다가 주문이 별로 없는 오후에 버릴 수 있으려면, 일하는 사람들이 노동법의 보호를 받는 노동자가 아니라 사장 신분이어야 한다. 핸드폰 애플리케이션에 분 단위, 심지어 초 단위로 일감을 올리고, 대기하고 있던 수십·수백 명이 찰나의 순간에 일감을 가져가는 플랫폼 기술과 산업이 탄생하면서 완전히 새로운 유형의 노동자들이 탄생하고 있다.

온라인 플랫폼에 대행업체, 대행 기사, 가맹점 음식점, 손님이 로그인하게 만들고 이들을 연결하는 방식의 노동 형태를 우리는 어떻게 봐야 할까? 대행 기사는 손님의 심부름, 가맹점 음식점의 음식 배달, 대행업체의 업무 관리, 핸드폰 속 애플리케이션의 배달 노동을 하면서 도대체 누구의 지휘 감독을 받고 있는 것일까? 이 질문에 대한 답이 늦어질수록 플랫폼 노동의 안전과 노동 조건은 후퇴할 것이다.

배달 노동에서 플랫폼 시장은 계속 확대될 것으로 보인다. 배달 앱 다운로드 건수는 5천만. 2015년 4월 배달의민족, 요기요, 배달통의 월간 이용자 수는 모두 1,085만 명이다. 요기요는 독일계 업체 딜리버리히어로의 자회사인데 2014년 배달통을 인수했다. 그러므로 배달의민족과 딜리버리히어로가 배달 앱 시장을 양분하고 있다고 봐도 무방하다. 배달의민족은 2016년 12월과 2017년 1월에 각각 주문 1,000만 건을 돌파했다. 최근에는 월간 실 사용자 수 4,200만의 카카오톡이 배달 앱 시장에 뛰어들겠다고 밝혔다. 시장 규모는 약 2조 원. 전체 배달 시장 규모 10~12조 원의 16~20%를 차지한다. 이용 건수를 보면 앞으로 배달앱이 기존 배달 시장을 잠식할 가능성이 높아 보인다.[47] 이런 어마어마한 이용자를 가지고 있으니 음식점도 배달 앱과 제휴를 맺을 수밖에 없다.

그렇다면 월 1,200만 건이 넘는 배달을 하는 노동자들은 과연 누구일까? 한국비정규노동센터가 서울시 사회혁신기획관 청년정책담당관의 연구 용역을 받아 실시한 '서울 지역 배달 아르바이트 실태 조사'에 따르면, 2013년 기준 배달업 종사자는 8,265명이다. 물론 믿기 힘들다. 배달 대행업체 부릉만 하더라도 '전국 11,000명의 부릉 기사들이 안정적인 배송 서비스를 제공하고 있습니다'라고 광고하고 있다. 어쨌든 국가 통계상 배달 노동자 8,265명 중 기타종사자가 4,068명이다. 이들은 임금근로자, 자영업자, 무급가족종사자로 분류되지 않는 사람이다. 보험설계사, 학습지 교사, 대리 기사 등 우리가 흔히 특수고용노동자라고 부르는, 신분이 사장인 노동자들이다. 즉 2013년에 배달 노동자 중 절반 가까이가 배달 건수에 따라 임금을 지급받거나, 중개 업체 등을 통해서 배달을 하는 자영업자들이다.[48]

이렇게 노동자로 인정받지 못하는 존재는 배달 노동자만이 아니다. 대표적으로 대학의 조교와 근로장학생이 있다. 대학 조교가 노동자라고? 맞다. 온갖 잡무를 다 하면서도 근로계약서조차 제대로 쓰지 못하는 존재들이다. 최근 미국의 전미서비스노조에서는 대학 조교들을 노동조합으로 조직했다. 근로장학생도 마찬가지다. 애초부터 근로에 장학을 덧붙이는 게 말이 안 된다. 물론 국립대학과 수도권 대학

근로장학생의 노동 조건은 나쁘지 않다. 공강 시간에 할 수 있는 일이기 때문에 과외보다도 낫다. 하지만 임금으로 편성해야 할 예산을 근로장학생이라는 명목으로 편성하는 것이 문제다. 근로장학생은 학교에서 고용하는 형태가 올바르다. 그런데 근로장학생을 노동자로 인정할 때 발생하는 한 가지 슬픈 이야기가 있다. 근로장학생은 대부분 소득 수준이 낮은 학생을 선발하는데, 노동으로 인정받아 수입이 발생하면 기초생활수급권자의 자격이 끊겨버린다. 한국 사회의 선별적 복지 제도가 바로 이런 사각지대를 만든다.

비정규직 사장과 관련해서 마지막으로 강조하고 싶은 것이 있다. 자신이 쓰는 계약서의 제목을 잘 살펴보자. '근로계약서'라고 쓰여 있는지 '용역계약서'라고 쓰여 있는지에 따라 운명이 달라진다. 물론 계약서조차 없을 경우가 많으니 월급에서 세금 3.3%를 떼는지, 4대 보험료를 떼는지 유심히 살펴야 한다. 3.3%는 사업소득세 3%에 지방세 0.3%를 더한 금액이다. 즉 당신이 노동자가 아니라 사장이라는 말이다. 좀 더 멋진 말로 프리랜서가 있지만, 미래의 연금과 산업재해를 생각한다면 노동자가 되는 것이 더 유리하다는 점을 잊지 말자.

자학하고 무시당하는 사람들

1년에 두 번 청년들은 고민에 빠진다. 고향으로 갈 것인가, 아니면 취직 공부와 알바를 핑계로 남을 것인가. 오죽하면 영어 학원에서 '명절 대피소'라는 이름의 피난처를 마련했을까. 고향에 가면 하나같이 자존감을 무너뜨리는 질문들이다. "어릴 때 전교 몇 등이었니?"로 시작하는 질문의 시리즈를 떠올려보자. 대학은, 직장은, 연봉은, 결혼은, 집은, 애는, 애 성적은? 끝없이 이어지는 질문은 벗어날 수 없는 뫼비우스의 띠를 만든다. 게다가 여성들은 명절 때마다 성차별을 경험한다. 손가락 하나 까딱하지 않는 남성 가족을 보면서 여성으로서의 삶에 회의를 느낄 수밖에 없다.

그래서 가족의 질문에 자신 있게 대답할 수 있는 조건, 즉 SKY 대학을 나와서 대기업에 취직하고, 자가 아파트에서 배우자·자녀와 함께 살지 않는다면 명절이 마냥 기쁘지 않다. 이런 자식을 둔 부모는 자식의 직업을 시간강사이지만 교수로, 협력 업체 직원이지만 삼성 직원으로 소개하면서 그 자리를 모면한다. 이런 분위기에서 어느 누가 대학을 졸업하고도 알바를 한다고 이야기할 수 있을까. 대학생 때에야 부모 부담 덜어주는 자식이겠지만, 졸업 뒤에는 숨기고 싶은 치부일 뿐이다.

"취업 준비를 하면서 내 주변의 잘된 지인들과 나 자신의 처지를 비교하며 자존감이 하락하고 자기 비하를 하게 되는 문제를 겪었어요. '넌 제대로 자리 잡지 않은 상태다'라는 가족들의 대우가 불편했어요."

서울대를 졸업한 뒤 알바노동을 하고 있는 P의 고백이다. 그는 부모님과 주변의 시선이 부담스럽고, 자존감이 낮아지고, 제대로 자리를 잡지 못한 것 같다는 불안에 시달린다. 자신이 하는 일과 자기 존재가 부정되는 것을 견딜 수 있는 사람은 없다. 알바는 잠깐 하는 일이라고 생각하는 사회적 인식의 근간에는 이러한 자기부정, 그리고 자기를 부정하게 만드는 사회적 시선이 있다.

알바노동자의 자존감을 훼손하는 또 다른 존재는 '진상'이라 불리는 손님이다.

"왜 이렇게 불친절해? 내가 2주 동안 지켜봤어. 웃지도 않고 말이야. 내가 인터넷에 다 올릴 거야."

패스트푸드점에서는 콜라를 리필해주지 않는다고 하자, 할아버지 손님이 매장에서 큰소리로 항의한다. 심지어 2주 동안 지켜봤다니 소름이 돋는다. 콜라 리필이 안 된다는 본사의 지침을 설명해도 아무 소용이 없다. 손님에겐 멀리 있는 본사보다 가까이 있는 알바노동자에게 분노를 표출하는 것이 편하다. 그래서 알바노동자가 웃지 않아 불친절하다는 엉뚱한 발화가 튀어나온다. 그 순간 알바노동자는 소비자의 분노를 받아주는 감정의 쓰레기통이 된다. 게다가 인터넷에 올리겠다고 협박한다. 악의가 가득하다. 알바노동자 하나쯤 본사에 컴플레인 걸어서 날려버릴 수 있다는 투다.

"씨발, 그래서 저보고 굶으라는 거예요?"

이 고객은 콜센터를 통해 햄버거를 배달시켰다. 현관 비밀번호를 남겼는데 콜센터가 미처 메모를 하지 못했다. 배달 노동자가 고객에게 전화를 했지만 통화가 안 되어 매장에 확인을 요청했다. 매장과 콜센터에서도 전화했지만 역시 받지 않았다. 고객이 다시 매장으로 햄버거가 오지 않았다고 전화를 하자 "전화를 받지 않으셔서 라이더가 배달을 못하고 돌아왔다"라는 설명을 하던 차였다. 입사 2개월쯤에 내가 직접 겪은 일이다. 그야말로 '내가 이러려고 알바 하나'라는 자괴감이 들었다.

알바라는 직업 자체를 비하하는 손님도 있다. 50대 편의점 야간 알바노동자의 증언이다.

"술 취한 손님이랑 말싸움이 붙었어요. 결국 마지막에 그 사람이 하는 말이 '그러니깐 나이 처먹고 알바나 하지'였어요."

20대에 잠깐 하고 말아야 할 알바 노동시장에 계속 머물러 있는 50대의 무능력에 대한 비하일 것이다. 사람들은 자기가 생각하기에 실패한 인생에 대해서는 지나치게 잔인하다.

2017년 3월, 인터넷에 알바노동자의 글이 하나 올라왔다. 손님이 요구르트를 고르다가 떨어뜨려 터져버렸다. 손님이 그냥 가려고 하자 알바노동자가 "아, 죄송한데 터진 건 변상하셔야 합니다"라고 했다. 그랬더니 "얼마 안 하는 거 터뜨렸다고 가까이 사는 단골한테 뭐 그러냐"라면서 사장과의 통화를 요구했다.

"내가 여기 단골인데 알바 새끼가 센스가 없다. 겨우 천 원짜리 때문에 내가 변상까지 해야 되냐'라고 말을 하더라고. 내가 기가 차서 피식 웃으면서 들리게 '겨우 천 원 가지고'라고 했더니 갑자기 폰을 땅에 떨어뜨리면서 와서 싸대기 날림. 거기서 나도 화나서 따졌더니 '알바 새끼가 어디서 깝치냐'고 '니 몇 살이냐'는 식으로 계속 욕함. '알바생 주제에'라는 말을 10번쯤은 들었다. 결국 맞으면서 계속 '돈 내놓으라'고 해서 결국 변상 받았는데 카드를 던짐."[49]

'손놈'은 알바노동자들이 진상 손님을 낮춰 부르는 말이다. 단돈 1,000원을 둘러싸고 벌어진 이 대화의 핵심은 '알바 주제에'다. 손놈은 요구르트 값 1,000원을 논의할 상대는 알바노동자가 아니라 사장이니 사장과 전화를 한다. 알바는 대화 상대조차 되지 못한다. 이미 이때는 "사장한테 전화 걸어봐"라는 반말로 바뀐 뒤였고, 알바노동자에게 "몇 살이냐"라는 질문이 이어졌다. 내세울 게 나이뿐이었던 이 손놈은 자신의 모든 갑질을 완성시키는 행위로 마지막에 카드를 던진다. 1,000원을 지불할 수 있는 힘을 가진 자신을 과시하고 증명하는 방법이 카드다. 자신이 소비자임을 증명하는 극적인 순간이다. 위의 50대 편의점 노동자의 사연에서는 나이 많음을 실패의 증거로 사용하고, 젊은 편의점 노동자의 사연에서는 나이 적음을 하대의 근거로 사용한다. 그러나 사실 나이는 핑계일 뿐이고, 본질은 사회의 통념에서 벗어난 삶을 사는 사람들에 대한 무시다.

한국의 자살률은 2003년 이후 단 한 번도 세계 1위 자리를 내준 적이 없다. 2015년 한국은 인구 10만 명당 28.7명, 즉 14,427명이 자살했다. 하루 40여 명, 33분마다 한 명꼴이다. 통계청이 11월 15일 발표한 '2016년 사회 조사 결과'를 보면, 지난 1년 동안 한 번이라도 자살하고 싶다는 생각을 해본 적이 있는 사람은 6.4%였다. 그 이유를 묻는 질문에 35.5%가 '경제적 어려움'이라고 답했다. 가정 불화(14.4%), 외로움·고독(14.2%)이 뒤를 따랐다. 연령별로 보면 10대만 '성적과 진학 문제'(48.1%)를 가장 많이 선택했고, 20대 이상은 모두 경제적 어려움을 꼽았다.[50]

성적과 진학이 좋은 직장과 안정된 삶, 사회적 평판과 연관되어 있다고 본다면 결국 경제적 문제가 자살을 생각하는 중요한 원인이라고 볼 수 있다. 단순히 돈을 적게 벌고 많이 벌고의 문제가 아니라, 위에서 살펴본 것처럼 사회경제적으로 실패한 사람들에게 가해지는 서로에 대한 가학 행위와 무시가 중요 원인 같다. 이를 뒷받침하는 설문 조사가 있다. 알바천국에서 20대 616명을 대상으로 자존감에 대한 조사를 진행했다.[51] 응답자의 40.6%가 자존감이 낮다고 대답했다. 행복해 보이는 지인들의 SNS를 볼 때 자존감이 낮아진다는 대답이 대부분이었다. 즉 상대적 박탈감이 중요한 원인이었다.

SNS와 같은 역할을 하는 것이 몇몇 성공한 사람들과 셀럽들의 이야기다. 인생에서 실패한 사람들의 이야기는 불행하게만 그려진다. 그래서 '가난의 포르노'라는 말까지 나왔다. 모든 삶에는 길흉화복이 있다. 그런데 완전한 성공과 완전한 실패라는 결과만을 보면서 서로를 비교하고 스스로를 비하하며 산다. 아래를 보며 나락으로 떨어지지 않기 위해 노력하고, 위를 보며 상대적 박탈감을 느낀다. 아래에는 불안이, 위에는 좌절이 있다. 이것은 당연히 경제적 조건과 연결되어 있다. 청년들은 취업이 안 될 때(22.7%), 가족들의 기대에 부응하지 못할 때(21.7%) 자존감이 낮아진다고 답했다.

이 모든 것은 위에서 살펴본 인터뷰 내용과 일치한다. 가족들의 기대, 주변 친구나 동료와의 비교가 자아를 지키며 살아가는 데 도움보다는 부담으로 작용한다. 실제로 자존감에 영향을 미치는 상대를 물었을 때 친구 및 동료가 34.6%, 부모가 29.4%, 알바 사장 또는 직장 상사가 18.2%로 나타났다. 13.3%는 낮은 임금을 자존감을 유지하기 힘든 요인으로 꼽았다. 임금 인상이 단순히 경제적 문제가 아니라 인간에 대한 존중임을 그 누구보다도 일하는 사람들이 잘 알고 있는 셈이다. 자존감이 낮아지는 이유로 손님 및 직장 상사의 폭언에 시달릴 때(26.1%)를 두 번째로 꼽은 반면, 실수가 잦을 때(32%)를 첫 번째로 꼽은 점도 흥미롭다. 불행히도 낮은 임금이나 폭언 등 외부 요인보다 자기 실수에 대해서 더 예민하게 반응한다. 문제의 책임을 개인에게 돌리는 데 익숙한 우리의 슬픈 자화상이다.

복지가 외면하는 사람들

국민들의 자존감을 체계적이고 효율적으로 부수는 주체는 뭐니 뭐니 해도 국가다. 앞에서 노동자들을 제대로 보호하지 못하는 국가의 모습을 지적했다면, 여기서는 국가의 원조 시스템이 어떻게 사람들의 마음을 다치게 하는지를 살펴보자.

"아이들이 기초 수급을 받는 것은 좋다. 그런데 굳이 그렇게 좋은 집에서 먹어야 할 일이냐. 기분 좋게 점심 먹으러 갔다가 기분을 잡쳤다. 제 누나와 둘이 와서 하나를 나눠먹는 것도 아니고, 온전히 한 메뉴씩 시켜서 먹고 있더라. 식권이 얼마씩 나가기에 내 세금으로 낸 돈이 그냥 분식집에서 먹어도 똑같이 배부를 일을 굳이 좋은 곳에서 기분 내며 먹는 행위에 들어가야 하느냐."[52]

한국이라는 공동체에서 복지가 어떻게 받아들여지고 있는지를 보여주는 한 장면이다. 복지는 모두가 공유하는 사회 안전망이라기보다 여유가 있는 사람이 가난한 사람에게 건네는 적선이다. 좀 더 적나라하게 표현하면, 길거리에서 노숙자에게 기부를 했는데 그 돈으로 나이키 신발을 사 신고 다닌다면 사기를 당한 느낌이 드는 것이다. 사회 구성원 대부분이 복지를 이렇게 생각하고 있다면 어떻게든 복지 대상이 되면 안 된다. 그 순간 도움을 받는 거지가 되기 때문이다. 세상은 복지를 주는 정상적인 사람과 적선을 받는 비정상적인 사람으로 나뉜다.

하지만 복지 제도는 적선이 아니다. 누구나 살아가면서 삶의 위기를 맞이할 수 있다. 큰 사고로 장애인이 될 수도 있고, 병을 얻을 수도 있으며, 직장을 잃을 수도 있다. 태어나보니 부모가 급식비도 못 내는 가난뱅이일 수도 있다. 결정적으로 우리는 모두 늙는다. 이러한 수많은 삶의 위험을 홀로 감당할 수는 없다. 그래서 사람들은 함께 돈을 모으고, 도움을 받을 수 있는 제도를 만든다. 기업이나 부자가 돈을 많이 버는 까닭은 많은 사람들이 기업의 상품을 소비하고 일터에서 열심히 일하기 때문이다. 이렇게 우리는 서로에게 기대어 살아간다. 사회 안전망은 흔들리는 삶의 다리에서 떨어졌을 때 우리를 보호하는 그물망이다. 사람들은 노력 여하에 따라 삶의 환경이 바뀐다고 믿지만, 오히려 공동체의 제도와 문화가 더 큰 영향을 미친다.

외국인들이 한국에 와서 가장 놀라는 것이 지하 방이란다. 자기네 나라에서 지하 방은 물건을 보관하는 곳이지 사람이 살 공간이 아니다. 그런 나라에서는 아무리 주거 환경이 나빠지더라도 최소한 곰팡내 나는 지하 방에 살지 않아도 된다. 돈 때문에 공부를 포기하는 일도 없을 것이다. 만약 무상 의료를 실시하는 나라라면 집안이 파산하더라도 병원을 못 가지는 않을 것이다. 하지만 한국의 복지 제도는 이런 든든한 버팀목이 되지 못한다. 오히려 정반대의 효과를 만들어낸다. 복지 혜택을 누리는 것이 인간 이하라는 존재 증명이 되어버린다. 이를 흔히 '낙인 효과'라고 하는데, 국민들에 대한 경고라는 측면에서 '전시 효과'라는 표현이 더 적절해 보인다. 복지 혜택을 받는 사람들을 전시함으로써 다른 사람들에게 뒤처지지 말라는 경고!

한국 국민들은 복지 경험이 적다. 만약 10대 때 부모가 기초생활수급권자라 이런저런 복지 혜택을 받았더라도, 만 20세가 되면 노동 능력이 있다고 봐서 자격을 박탈한다. 가난한 청년이 사회에 진출할 때 국가로부터 받는 첫 선물이 복지 혜택의 박탈인 셈이다. 이제 더 이상 도움 받을 자격이 없다는 말이기도 하며, 더 이상 복지 혜택을 받을 만큼 불쌍하지 않다는 뜻이기도 하다. 웃어야 할지, 울어야 할지 헷갈린다. 다만 그동안 국가가 책임졌던 집안의 가난을 이제 개인이 책임져야 한다는 사실은 확실하다.

다시 기초생활수급권자가 되려면 만 66세가 되어 자신의 늙음과 가난을 증명해야 한다. 이때 근로 능력 없음을 증명하는 일이 가장 굴욕적이라고 한다. 이는 면담을 통해 이루어지는데, 심사표에 따라 면접관이 관찰을 하고 점수를 부여한다. 여기서 점수를 적게 받을수록 국가로부터 지원 받을 가능성이 높아진다. 최대한 근로 의욕이 없고, 개인위생이 좋지 않으며, 자기 통제가 안 되고, 상대방과의 대화를 집중력 있게 하지 못해야 유리하다. 복지 대상이 되면 국가로부터 죽지 않을 만큼의 지원을 받는다. 동시에 정상인이 아니라는 국가로부터의 공식 인증을 받는다. 복지를 받으려면 계속 이런 무기력한 상태에 놓여야 한다. 만약 근로 능력이 충만하고 대인 관계가 회복되면 복지 대상자에서 탈락한다. 당연히 국가에 도움 청하기를 꺼리게 된다.

멀쩡한 사람이 왜 국가로부터 돈을 받아먹느냐고 비난하기도 한다. 가장 극적인 장면이 실업급여다. 실업급여는 노동자가 보험료를 낸다. 그런데도 보험을 들 때 사장의 눈치를 본다. 보험료 중 절반을 부담해야 하니 사장은 억울할 수도 있다. 하지만 노동시장 입장에서 보면, 해고 노동자는 다른 사장이 다시 저렴한 가격으로 구매할 수 있는 재고 상품이다. 그런데 생존의 길이 완전히 막힌다면 해고에 대한 노동자들의 저항이 엄청날 것이다. 체제를 위협할 수도 있다. 따라서 기업뿐 아니라 국가에게도 실업급여는 꼭 필요한 제도이다. 고용노동부도 고용보험을 제도화한 이유를 "80년대 초 높은 실업률로 인하여 실업 보험 제도의 필요성이 제기되자, 제7차 경제사회발전계획(1992~1996) 후반기 중 고용보험제도를 도입하기로 결정"했다고 설명한다.

하지만 알바노동자는 고용보험 가입 자체가 과제다. 실업급여를 받으려면 '고용보험 적용 사업장에서 실직 전 18개월 중 피보험 단위 기간이 통산하여 180일 이상 근무하고 근로의 의사 및 능력이 있고(비자발적으로 이직), 적극적인 재취업 활동(재취업 활동을 하지 않는 경우 미지급)에도 불구하고 취업하지 못한 상태'여야 한다. 고용노동부 입장에서는 참 쉽다. 지난 1년 6개월 동안 180일을 출근하면 된다. 그런데 알바노동자는 이게 쉽지 않다. 알바노동자에게 고용보험이 되는 사업장은 하늘의 별따기와 같다. 만약 운 좋게 착한 사장을 만나 보험에 가입했다고 치자. 그래도 문제는 남는다. 고용보험이 되는 사업장에서 150일을 일하고 좀 쉬었다가 다른 일자리를 구했는데, 고용보험을 안 들어주면 실업급여를 받을 수 없다. 물론 나중에 사장을 신고하고 실업급여를 몰아서 내는 방법이 있다. 그런데 알바노동자에겐 실업급여를 한꺼번에 낼 수 있는 목돈이 없다.

고용보험 지급 조건인 180일을 다 채웠다고 해도 여전히 산 넘어 산이다. 첫 번째 과제는 앞장에서 말한 것처럼 해고를 '자진 사직'으로 둔갑시키려는 압박에서 벗어나야 한다. 해고를 막기 위해서가 아니라 쟁취하기 위해 벌이는 싸움이다. 두 번째는 적극적인 재취업 활동이다. 열심히 노력했음에도 불구하고 취직이 안 된다는 것을 증명해야 한다. 자신의 무능함을 증명해야 실업을 인정받을 수 있다. 여기에 딜레마가 있다. 실업 인정을 받기 위해서는 마음에 들지 않는 곳에라도 일단 이력서를 넣어야 한다. 덜컥 합격이라도 한다면 낭패다. 그렇다고 안 할 수도 없다. 게다가 대부분의 알바노동자들이 1년 미만의 고용보험에 가입한다는 것을 고려할 때 실업급여 지급 기간은 90일에 불과하다. 90일 안에 어떻게든 취업을 해야 생계비가 끊기는 비극을 막을 수 있다. 지급액도 2017년 기준 최저임금의 90%인 46,584원~5만 원으로 제한되어 있다. 최고액이 2017년 최저임금보다 낮다.

이것을 개선하기 위해 몇몇 정책 입안자들은 직업훈련을 강화하자고 제안한다. 그런데 국가에서 관료적으로 이루어지는 직업훈련이 실업자들의 욕구와 일치하는 경우는 거의 없다. 설사 일치한다 하더라도 가난에서 벗어나게 하는 경우는 드물다. 직업훈련은 저임금 노동자의 역할을 더 잘 수행할 수 있도록 할 뿐이다. 교육 내용도 마트 계산원, 컴퓨터 교육, 네일아트 등 저임금 노동에 한정되어 있다. 한국만 그런 게 아니다. 영화 〈나, 다니엘 블레이크〉는 영국인 다니엘이 실업급여를 받기 위해 겪는 온갖 어려움을 사실적으로 그린다.

이런 직업훈련과 복지 제도의 관료주의와 비효율성에 대한 비판으로 시카고 대학의 얼 쇼리스 교수는 '클레멘트 코스'라는 실험적인 인문학 교실을 열기도 했다. 노숙자, 빈민, 죄수에게 정규 대학 수준의 인문학을 가르치는 코스이다. 가난한 사람들에 대한 직업훈련이 결코 대안이 되지 못한다는 반성이 낳은 대안이었다. 실제 가난한 사람들에게는 삶을 스스로 꾸려가는 자립이 필요한데, 이 힘은 직업훈련이 아니라 삶을 사회적으로 바라보고 세상과 인간을 이해할 수 있는 인문학에서 나온다는 것이다. 사실 인문학의 핵심은 자신의 가난이 자신만의 잘못이 아님을 깨닫는 데 있다. 인문학은 '가난은 당신의 탓이 아니다'라고 가난한 이들에게 던지는 위로의 메시지이며, 자존감 회복의 치료약이다.

그런데 국가의 관료적 제도는 정반대의 역할을 한다.

"실업급여를 받을 때 집체 교육을 받는데요, 계속 부정 수급 관련한 내용을 강조해서 기분이 별로였어요. 어디 최저임금 일자리라도 빨리 취직을 안 하면 왠지 도둑이 된 느낌?"

실업급여 신청자 H의 말이다. 심지어 자기가 낸 고용보험을 받는 일인데도, 마치 쓸모없는 잉여가 세금을 갉아먹는 듯한 느낌을 받는다. 사람들이 차분하게 자신의 삶을 돌아보며 하고 싶은 일과 실제 할 수 있는 일에 대해 여러 가지 시도들을 할 기회를 제도적으로 틀어막고 있다.

국가와 기업이 일하는 사람들의 자존감을 해치는 또 다른 도구가 바로 산업재해보험이다. 산재보험은 노동자가 죽거나 다쳤을 때 사용자에게 너무 큰 비용 부담이 돌아갈까 봐 만들었다. 근로복지공단에서 보험금을 받기 때문에 사용자의 허락도 필요 없다. 만약 사용자가 보험에 들지 않았더라도 상관없다. 노동자에게 치료비와 치료하는 동안 필요한 생계비를 지원하고, 사장에게 그동안 못 받은 산재보험료를 징수하니 걱정하지 않아도 된다.

산재보험의 내용도 꽤 괜찮다. 다쳐서 필요한 치료비(요양급여), 노동력 상실에 따른 보상(장해급여), 치료하는 기간 동안에 필요한 생계비(휴업급여), 사망 시 가족들의 생계비(유족연금)와 장례비를 보험에서 지원한다. 그런데 알바노동자들은 엄두도 내지 못한다. 산업재해라고 하기에는 너무 작다고 판단할 수 있는 화상, 자상, 찰과상이 많기 때문이다. 이런 부상은 일하는 데 그저 걸림돌일 뿐이다. 그래서 대부분 자기 잘못으로 치부해버리고 만다.

"손가락을 다쳐서 병원에 갔는데, 매니저가 전화를 해서는 '병원비는 줄 테니 산업재해로 처리하지 말라'고 했어요. 의사 선생님이 안 된다고 했죠. 그래도 뭐 매니저가 시키니까 원무과에 가서 문의를 했는데, 원무과에서 안 된다고 했어요."

패스트푸드 알바노동자 H의 말이다. 병원에서는 왜 안 된다고 했을까? 요즘 병원은 대부분 산재 지정 병원이다. 만약 산재로 치료하지 않으면 의료보험이 적용되고, 나중에 이 사실을 안 건강보험공단이 돈을 토해내라고 할 수도 있기 때문이다. H는 2주간 일을 하지 못해서 월급이 반 토막으로 줄었다. 그의 빈자리를 채운 알바노동자가 일하기로 한 날을 2일이라고 보고해서 휴업급여도 이틀치만 받았다. 이 노동자는 주 5일로 일하던 노동자였다. 사실 산재 처리를 한 건지, 그냥 회사가 개인적으로 돈을 지급한 건지도 몰랐다. 병원에서 받은 서류는 매니저가 다 들고 가버렸다. 일을 하다 다쳐도 자기 잘못으로 여기고, 법에 보장된 권리도 보장받지 못하는 상황에서 육체와 자존감을 회복하기는 어렵다. 회사가 자신을 어떻게 여기는지를 뼈저리게 경험한 것이다.

마지막으로 짚고 넘어가야 할 문제가 있다. 일하다 입는 부상은 육체만이 아니다. 사장의 폭언, 직장 내 괴롭힘, 진상 손님으로 인해 정신도 다친다. 땅콩 회항 사건에서 주목해야 할 점은 악마처럼 다뤄진 조현아가 아니다. 바로 박창진 사무장이 이 사건과 관련해서 신청한 산업재해다. 화제가 된 사건이었기 때문에 이 산업재해는 받아들여졌다. 그렇다면 알바노동자가 일하면서 겪는 정서적 고통도 산업재해로 인정받고 보상받아야 한다.

보호의 자격

노동법이 없던 초기 자본주의는 노동자들을 어떻게 하면 오랜 시간 쉴 틈 없이 사용할 것인가에 몰두했다. 국가는 일을 하지 않는 거지의 귀를 자르는 등 사람들을 자본주의적 노동에 적응시키기 위해 혈안이 되었다. 그러나 시간이 지나고 노동자들의 평균수명이 30세도 되지 않는 상태가 계속되자 위기감을 느끼기 시작했다. 노동자들이 일단 살아 있어야 부릴 수도 있기 때문이다.

　노동자들도 가만히 있지 않았다. 폭동을 일으키고 투쟁을 벌였다. 그 결과 자본가들의 지속가능한 경쟁의 약속으로서의 노동법과 노동자들의 투쟁 결과로서의 노동법이라는 이중적 성격의 노동법이 만들어졌다. 자본가들은 '하루 16시간씩 일을 시키는 것보다는 10시간씩 일을 시키는 것이 더 효율적이니, 자네들도 딱 10시간씩 일을 시키게. 12시간씩 일 시키면 반칙이야'라고 약속을 한다. 노동자들은 '16시간 일해서는 도저히 못 사니 하루 8시간으로 노동시간을 줄여라!'라고 외친다. 노동법의 앞면과 뒷면에는 자본가와 노동자의 다른 욕망과 역사가 적혀 있다. 노동법은 늘 이중적이며, 노동법을 만들고 집행하는 국가도 이중적이다. 그래서 근로기준법을 공부하다 보면 앞장을 보면서 "와, 노동자를 위한 법이구나"라고 감탄하다가, 뒷장에 있는 각종 단서 조항과 예외 조항 때문에 혼란에 빠진다.

　하지만 알바노동자는 한계가 많은 이 근로기준법의 보호조차 받지 못 한다. 근로기준법을 고치지 않는 이상, 알바노동자가 법의 보호를 받을 수 있는 유일한 방법은 노력을 통해 합당한 자격을 획득하는 것이다. 쉽게 말해 정규직이 되는 것이다. 알바노동자가 소위 '정상적인 삶'이라고 부르는 이 상태가 되기 위해서는 자기 존재를 부정해야 한다. 이게 정상이라면, 지금 삶은 언젠가는 벗어나야 할 안 좋은 상태가 되기 때문이다. 자기 삶을 긍정할 수 없는 곳에서 열정이나 미래에 대한 낙관이 생길 리 없다.

정상적인 삶이라는 하나의 기준으로는 다양한 미래를 꿈꿀 여지도, 조금은 천천히 살아갈 여유도 없다. 백수 주제에, 알바 주제에, 비정규직 주제에 등 자기 분수를 알라는 다양한 말들이 쏟아져 나온다. 알바노동자에게는 열악한 노동 환경과 주거 환경, 식사, 저가 상품을 소비할 수 있는 자격만 주어진다. 이것을 넘어선 욕망을 표현할 자격은 없다. 이 선을 넘으면 윤리적 비난을 받는다. 이들은 국가, 학교, 또래집단, 가장 친밀한 애인과 가족으로부터도 무시당하며, 모든 것을 자신의 능력 부족이라고 생각한다. 당연히 이들은 사용자가 부리기좋은 상태가 된다. 기업은 임금을, 국가는 복지 비용을 깎을 수 있다. 이런 차별은 저항은커녕 자발적 동의와 사회적 지지를 받는다. 서로를 감시하고 비교 평가하며 서로의 자격을 묻는다. 문제는 이 자격 심사와 통제의 대상이 자신보다 열악하다고 믿는 사람들을 향한다는 점이다. 자기보다 힘이 강하고 권력이 있는 사람들은 그만한 혜택을 누릴 자격이 있다고 생각한다. 그리고 이런 생각은 비슷한 처지의 다른 약자에 대한 혐오로 이어진다. 이렇게 서로의 욕망을 누르고 고유의 목소리를 삭제하는 공범이 되어간다.

우리는 누군가의 도구가 되기 위해서 쉬고 아이를 낳는 것이 아니다. 우리의 삶을 존엄하게 이어나가기 위해서다. 따라서 다양한 삶을 있는 그대로 받아들이고 서로를 존중하는 것이야말로 우리에게 필요한 대안이다. 정상적 삶의 재생산이 아니라, 지금 이 순간 내 존재가 지속가능한 삶을 유지할 수 있는 조건의 재생산이 더 중요하다. 누군가의 삶은 구원하는 것이 아니라 보장하는 것이기 때문이다. 우리는 늘 질문을 스스로에게 또는 우리보다 약한 자들에게 던졌다. 나에게 능력과 자격이 있느냐고. 이제 그 질문을 세상에 되돌려줄 차례다. 우리의 다양한 삶을 받아들일 자격과 능력이 있는가? 전환해야 할 것은 내가 아니라 세상이다.

7

다른 삶은

가능하다

알바가 대접받는 사회가 됐으면 좋겠어요. 본인들도 어떻게 될지 모를 텐데.

평생 직장 다니는 것도 아니고 존중을 해줬으면 좋겠습니다.

사람들의 편견과 달리 알바노동자들은 20대에 잠깐 용돈을 벌기 위해 일하지 않는다. 서울시 청년 아르바이트 직업 생태계 실태 조사에 따르면 알바노동자 1,016명 중 38.5%가 생활비 마련, 15.3%는 가정 경제를 돕기 위해서 알바를 한다고 답했다. 두 명 중 한 명은 생계를 위해 일한다. 사실 용돈과 생계비를 구분하는 것도 무의미하다. 용돈이 생활비 아닌가? 한편 알바노동자 중 정규직 일자리를 구하는 사람은 15.5%에 불과했다(157명). 향후 1년 뒤 계획 역시 정규직 일자리 이동 18.6%, 공무원·공기업 시험 준비 5.3%, 어학연수 3.6%로 이직을 목표로 하는 사람은 적었다. 물론 학업 진행이 30%로 꽤 높지만, 현재의 알바 일자리를 유지하겠다는 사람이 25.8%로 생각보다 높았다. 그저 쉬고 싶다도 4.5%다. 알바를 중요한 일자리의 하나로 생각해야 할 때가 왔다.

자발적으로 알바노동을 선택한 사람들이 있다. 물론 자발적이라는 표현은 조심해서 읽어야 한다. 인간의 선택은 늘 사회적 환경 속에서 이루어지기 때문이다. 여기서 소개할 알바노동자들은 비료 값 파동에 따른 소 값 하락, IMF 경제 위기와 뒤이은 파견법 등으로 삶이 크게 흔들리면서 알바노동을 선택했다. 굳이 선택이라고 말하는 까닭은 알바노동을 어쩔 수 없이 하는 예외적인 노동으로 본다면 그들의 목소리를 제대로 들을 수 없기 때문이다. 알바노동을 하나의 선택으로 인정할 때 다양한 직업과 삶에 대해 이해하고 존중하는 사회를 만들 수 있다. 대기업 정규직과 공무원만을 정상으로 여기는 사회는 너무 끔찍하다. 게다가 이 꿈들을 이룬 사람이 항상 행복한 것도 아니다. 소수의 자원을 독점한 사람에겐 과도한 책임이 뒤따른다. 장시간 노동부터 부모와 친척, 자식에 대한 부양까지 정규직이라는 이유로 모든 것을 참아내야 한다.

　지금까지 알바노동자의 노동 조건이 너무나 열악하다는 이야기를 많이 했다. 여기서는 삶의 다양성과 가능성으로서의 알바노동, 주체적으로 사는 알바노동자들의 이야기를 해보고자 한다. 이들을 통해 다른 노동과 삶의 양태를 상상할 수 있을 것이다.

지금이 좋다

올해 44세의 김민성은 선천성 뇌하수체 종양을 앓았다. 한쪽 눈이 보이지 않고 호르몬 분비가 되지 않아 약을 달고 살아야 한다. 그는 중학교 1학년 때 뇌 수술을 두 차례 받았다. 조금만 다쳐도 바로 병원에 입원해야 한다. 면역력이 약해서 회복하는 데 오랜 시간이 걸리기 때문이다. 팔을 다쳐서 1년 6개월, 맹장이 터져서 3개월 입원했다. 그렇게 5년을 병원에서만 지냈다. 몸이 좋지 않으니 마땅한 일자리를 구하기도 힘들었다.

27세에 큰누나가 신문사 지국을 해보는 게 어떠냐고 제안했다. 본사에서는 배달할 집이 200곳은 된다고 했는데, 막상 해보니 30집밖에 안 되었다. 불평하지 않고 열심히 노력해서 구독자를 늘렸다. 3년 동안 새벽길을 달린 결과 200집이 신문을 받아 보게 됐다. 본사에서도 갑자기 판매가 늘어나니 차량 등을 지원하기 시작했다. 무리해서 몸이 안 좋아지던 차에 함께 일하던 총무가 자기에게 지국을 팔라고 제안했다. 7천만 원에 넘기기로 하고 계약금 100만 원을 받았는데, 총무가 밤에 도망가 버렸다. 지국을 1억 1천만 원에 다른 사람에게 넘기고 난 뒤였다. 사기를 당한 것이다.

우여곡절 끝에 큰매형의 소 농장에서 7년 동안 일했다. 그런데 이번에는 비료 값이 올라서 인건비도 나오지 않았다. 마침 문을 연 막내

매형의 카페에서 일할 요량으로 서울에서 1년 동안 바리스타 자격증 공부를 했다. 그런데 카페에서 일을 해보니 여러 일을 동시에 해야 하는데 몸이 따라주지 않았다. 그러다 패스트푸드점 배달 일을 시작했다. 이유는 간단했다. 아파서 공부를 제대로 할 수 없었고, 몸이 안 좋아서 멀티태스킹도 하지 못하는 상황. 결정적으로 나이가 많은 사람을 받아주는 곳이 없었다. 패스트푸드점은 그런 그를 받아줬다.

차 없는 시골에서 살다가 빵빵거리는 차들이 즐비한 서울에서 오토바이 운전을 하니 좌회전 우회전도 힘들었다. 고객에게 "에휴, 그래가지고 배달 일 하겠어요"라는 핀잔을 듣기도 했다. 시골에 본인 소유의 땅도 있는데 왜 편안한 곳에 내려가 살지 않고 힘들고 위험한 배달 일을 하는지 물었다.

"병원 입원만 5년이에요. 중1 때 머리 수술하느라고 1년, 스물아홉 살 때 농장에서 소 키우면서 떨어져 팔이 부러져서 1년 6개월, 맹장 한 번 터져서 3개월. 병원이 너무 지긋지긋해요. 가족들이랑 있으면 좋긴 좋은데 너무 답답해요. 서울에서 인라인스케이트 취미 활동을 하는데 인라인 타는 게 너무 재밌어요. 싸돌아다니는 게 너무 신나요."

그의 눈빛이 반짝거렸다.

그가 배달 일을 선택한 또 다른 중요한 이유는 시간, 바로 '칼퇴'였다. 일을 마치면 자기 시간을 가질 수 있었다.

"퇴근하고 김포공항에서 새벽 4시까지 인라인을 타요. 모이는 건

밤 11시인데, 1시부터 4시까지. 몸 힘든 것도 모르겠어요. 오히려 동호회 사람들이 큰 힘이 돼요. 배달 일에 자긍심은 없지만 창피하지도 않아요. 장점도 많아요. 자기 스케줄을 뺄 수 있어요. 아파서 병원 간다거나 어머니 기일에 맞춰서 고향에 내려간다거나 할 수 있죠. 일반 회사 같으면 상상도 못하잖아요."

자긍심을 갖지 못하는 이유를 물었다.

"사람들이 배달하는 사람을 하찮게 여겨요. 배달 하다보면 콜라나 커피를 흘리는 경우가 있어요(방지턱 때문에 커피는 조금이라도 흐른다). 10명 중 9명은 괜찮다고 넘어가는데, 1명은 꼭 트집을 잡아요. 한번은 손님이 햄버거가 식었다며 던졌는데, 가방 안에 던진다는 게 제 얼굴에 맞았어요. 엄청 기분 나빴어요. 사과도 안 했어요."

주변 사람들에게 당당히 이야기할 수는 있지만 자긍심을 가질 수는 없다는 그의 이야기를 듣고 많은 생각을 했다. 바뀌어야 할 것은 알바노동자가 아니라 그들을 바라보는 우리와 사회가 아닐까?

그는 지금이 좋다고 했다. 그에겐 나이, 장애와 상관없이 고용을 하는 맥도날드가 괜찮은 일자리다. 물론 몇 가지 조건들만 더 갖춰지면 좋겠지만, 한국은 잘 안 될 것 같다고 말한다. 최저임금이 1만 원으로 오르면 지금 주 6일 하는 일을 주 5일로 바꾸고 싶다는 게 그의 소망이다. 무엇보다도 사람들의 편견과 시선만 없어진다면 자긍심도 생길 것 같단다. 그러나 그런 변화는 100년쯤 뒤에나 가능할 거라 했다.

정승범은 초등학교 때까지 잔디 깔린 마당이 있는 집에 살았으며, 집에 차도 2대 있었다. 1980년생인 그가 잘나가던 시절이라고 회상한 때는 1997년 IMF가 터지기 직전까지다. 아버지는 만도기계에 자동차 부품을 납품하던 중소기업 사장이었다. IMF 이후 만도기계가 부도나면서 아버지 회사도 1998년에 부도 처리됐다. 그가 열아홉 살 때다. 집을 팔고 고모할머니 집 지하로 들어갔다. 아버지는 이때 여명 808 대리점(유통업으로 보인다)을 시작했다. 사무실은 없었고 집에 여명808이 쌓여 있었다. 그가 하나만 먹어보면 안 되느냐고 물었는데 아버지가 안 된다고 했다며 웃었다. 아버지는 그가 군대에 있을 때 뇌출혈로 돌아가셨다.

그의 생애에서 첫 노동은 현장 실습이었다. 공고(특성화고등학교)에 진학한 그는 열아홉 살 때 팬택에 주야간 맞교대로 출근을 했다. "우리 집"이라고 말하면 연결되는 휴대전화 만드는 회사였다. 당연히 연장수당이나 야간수당 같은 건 몰랐다. 전공과 상관없이 그냥 출근했다. 한때 잘나가던 집안의 자식으로 공부에 대한 압박이 많을 것 같았지만, 부모님은 공부에 관해서 상관하지 않았다고 한다. 하지만 정상적인 직장에 대한 기대는 분명히 있었다.

"나는 특이했던 게 학창 시절 생각하면 중학교 때는 농구, 고등학교 때는 음악. 지금도 메탈 음악 하고 있어요. 베이스예요. 너무 하고 싶었으니까. 음악을 하고 싶었지. 9시 출근, 6시 퇴근, 그런 정상적인 직장에 취업하기는 싫었어요."

멋진 기타리스트를 꿈꾸던 그가 선택한 노동은 알바였다. 비디오방, 닭갈비 집, 피시방, 레코드 집, 우동 집 등 가리지 않았다. 단순히 시간 문제는 아니었다. 그는 "머리를 길러야 하는데……"라며 말끝을 흐렸다. 금세 이해가 갔다. 긴 머리를 휘날리며 면접장에 들어갈 록커와 그를 지켜보는 불안한 눈빛의 면접관을 생각해보라. 군 제대 후엔 무대를 보고 싶어서 방송국 외주 파견으로 카메라 보조 일을 했다. 아버지 사업을 부도낸 IMF는 그가 자라 파견 노동자가 될 수 있도록 파견법을 만들었다. 하지만 아이러니하게도 파견 노동자는 학력 제한이 없었다.

"공고를 나오니까 학력 때문에 못 들어가는 데가 많잖아요. 그나마 학력 제한도 안 걸리고 방송국이니까 재미있겠다 싶었죠."

물론 2년이 못 돼서 잘렸다. 이때 알게 된 카메라 감독이 따로 차린 프로덕션에 보조로 들어갔다. 이 카메라 감독은 성추행으로 잘린 사람이었다. 욕도 많이 하고 술버릇도 고약해서 잘 맞지 않았다. 다른 노동 조건보다 사람과 맞지 않는 것이 큰 고역이었다. 무엇보다도 무대를 계속 지켜보는 직업이다보니 음악을 하고 싶은 욕구를 참기 힘들었다. 이보다 더 극적인 이유가 있었다. 짝사랑하던 교회 친구가 지나가면서 음악 하는 모습이 멋있다고 말했다. 그는 일을 그만뒀다. 그 뒤로 3년 정도 짝사랑을 이어갔지만 이루어지지 않았다.

그 다음 선택한 일은 택배 상하차였다. 처음에는 한진 직영이었는데 3년 쯤 지나서 외주화됐다. 상하차 부서를 담당하던 과장이 이 외주 회사의 사장이 됐다. 6년 정도 일했다. 6년이면 한국 평균 근속년수(5.1년)보다 길다. 그가 꼽은 장기 근속의 이유는 회사 분위기와 존중이다.

"분위기만 좋으면 괜찮은 것 같아요. 사람들이 서로 존중해주고 배려해주면 일도 재밌고. 일도 힘든데 정신적 스트레스까지 받으면……. 정신적으로 힘든 게 더 많아요."

이 일도 사랑(?) 때문에 그만뒀다.

"당시에 결혼을 전제로 만나는 사람이 있었어요. 부모님 인사도 드렸죠. 그런데 택배 한다니까 여자 친구 어머니가 싫어했어요. '택배 말고 다른 일 하지 않을래?'라고 하셨어요. 나도 일이 질리고, 재밌게 일하던 밑에 애들도 나가고 해서 그만뒀어요. 그리고 서울우유에 들어갔죠. 여자 친구는 서울우유 들어갔다니까 좋아했어요. 그런데 여자 친구 어머니가 전화해서 '혹시 대리점이냐?'라고 물었어요. 당연히 대리점이었죠. 홈플러스 이런 데 공급하는 일. 알았다고 뚝 끊더라고요. 그 뒤로 못 봤어요. 걔네 집이 잘 살았어요. H 기업 간부. 여자 친구도 Y대 나와서 초등학교 선생 했고요."

그는 큰 상처를 받았다. 일이 손에 잡히지 않아 대리점에서 잘렸다. 인생철학이 달라졌다.

"그 다음부터 욕심 같은 걸 다 내려놓았어요. 그 전에는 돈 모아서 결혼하는 게 인생의 목표였는데, 지금은 그런 게 전혀 없어요."

그가 배달 일을 시작한 계기는 축구였다. 한국 축구가 2012년 런던 올림픽에서 동메달을 땄을 때, 그의 말로는 "박주영이 골을 넣을 때" 중계를 보면서 햄버거를 주문했다. 그런데 그때 여성 노동자가 배달을 왔다. 그게 너무 충격이었다. 그 다음에 또 햄버거를 주문했더니 이번에는 백발의 할아버지가 배달을 왔다. 그 순간 '나도 해볼까'라는 생각이 들었다.

그는 현재 주 5일 배달 일을 하면서 퇴근 후와 쉬는 날에 음악 작업을 한다. 그가 속한 밴드는 3개의 앨범을 냈는데 네이버뮤직의 추천을 받기도 했다. 두 사람 모두에게 정규직 일자리가 주어진다면 어떨 것 같으냐고 물었다. 김민성은 그래도 아직까지 대기업이 최고라 답했고, 정승범은 칼퇴가 보장되지 않는다면 죽어도 싫다고 답했다.

지금까지 우리는 결혼을 포기하고 알바노동을 하는 인생을 불행하고 안타깝게 여겼다. 하지만 그들은 자신의 삶에 만족한다. 물론 이것이 주어진 조건에서 어쩔 수 없는 현실 수용인지, 능동적인 선택인지는 알 수 없다. 남의 인생을 함부로 판단해서는 안 된다. 다만 이렇게 사는 사람이 있다는 것, 이들은 결코 구원의 대상이나 피해자가 아니라는 것은 확인할 수 있다. 두 사람의 마지막 말에 우리 사회는 귀를 기울여야 한다.

"알바가 대접받는 사회가 됐으면 좋겠어요. 본인들도 어떻게 될지 모를 텐데. 평생 직장 다니는 것도 아니고. 존중을 해줬으면 좋겠습니다."(김민성)

"우리가 좋다고 직장에 다니는 게 오너 입장에서는 그저 노동력을 사는 행위에 불과하잖아요. 보통 부모님들은 무조건 대기업 들어가서 안정적으로 사는 걸 바라지만, 지금 내 시선에서 보면 그건 대기업의 노예가 될 뿐이에요."(정승범)

여유롭게 살고 싶어요

알바노동자가 당당하게 살기 위해서는 알바노동이 존중받는 것으로는 불충분하다. 알바노동자에게는 제2의 정체성인 '백수'의 삶이 있기 때문이다. 알바는 최저임금도 안 지키는 사업장이 싫어서든, 사장이 망해서든 갖가지 이유로 알바 자리를 옮겨 다닌다. 취업 상태가 예외적이고, 백수 상태가 더 자연스러운 사람들도 있다. 하지만 사실 우리가 흔히 알고 있는 백수는 모든 사람들에게 제2의 정체성이다. 통계상 우리가 일을 할 수 있는 나이는 만 15세에서 65세까지다. 이것을 경제 활동 인구라 한다. 물론 현실은 더 짧다. 길게 잡아도 일을 할 수 있는 나이는 20세에서 60세까지 40년 정도다. 100세 인생이라면 60

년은 백수다. 여기서의 노동은 임금을 목적으로 하는 노동을 가리킨다. 임금을 받지 않고 하는 노동은 훨씬 많다.

그럼에도 불구하고 백수 스스로가 자신을 긍정하기란 쉽지 않다. 올해 38세의 H는 인생에서 취업 기간보다 실업 기간이 좀 더 길다. 그녀는 싱글이고, 저임금을 받고 일하는 기간제 노동자다. 결혼을 하지 않고 백수로 살면서 간간히 일을 하는 여성의 삶이 회자되는 경우는 거의 없다. 사회적 편견에 맞서 살아남기 힘든 이유도 있지만, 미디어나 정책의 관심을 받기엔 너무 특수한 경우라 여기기 때문이다.

하지만 그녀에겐 소위 정상적인 삶을 거부한 분명한 이유가 있다. 그녀가 처음부터 백수였던 건 아니다. 25세에 대학을 졸업하고 백화점에 정규직으로 취직했다. 알바 경험 때문에 백화점이 익숙했다.

"고급 브랜드에 정규직이라고는 하지만 어차피 백화점 판매원이었어요. 나에게 알바와 정규직은 큰 의미가 없었습니다. 내가 하고 싶은 일이 무엇인지가 더 중요했어요. 서비스직은 참 단순하고 쉬워 보이지만 굉장히 소모적입니다. 생글생글 웃어야 하고, 바른 자세로 서 있어야 하고, 일하는 직원들과 수다 떨기도 힘들었어요. 인형이 되어야 하는데 그때는 몰랐습니다. 그게 인형이 되는 건 줄."

그녀는 일을 하면서 자신을 잃었다.

이듬해 디자이너로 일하지 않겠느냐는 대학 동기의 제안에 망설임 끝에 백화점 일을 그만두고 작은 원단 판매 회사에 취직했다. 디자이너라는 명함에 이제야말로 제대로 된 직장을 가졌다고 생각했다. 하지만 성취감도 미래도 찾기 힘들었다. 그녀는 유행하는 옷을 베껴서 샘플 만드는 일을 했다. 업계 전반에 만연한 야근을 견디기도 힘들었다. 칼퇴를 하면 좋으련만, 일을 대충하는 것도 싫었다. 흔히들 근성이 없고 일도 대충하는 사람이 빨리 일을 그만둔다고 생각한다. 하지만 현실에서는 일을 너무 열심히 하는 사람들이 소진되어서 그만두는 경우가 많다. 말을 하라고 하지만, 업무 환경이 야근을 강요하는 분위기에서 일을 중단할 수 있는 사람은 그리 많지 않다. 내가 본 H는 매사에 에너지가 넘치고, 리액션도 뛰어나고, 사람을 대할 때 최선을 다하는 사람이었다. 일을 할 때도 마찬가지였다.

마지막으로 그녀가 한 경제 활동은 둘째 언니와 함께 차린 식당이었다. 둘째 언니가 사장이고 그녀는 노동자였다. 역시 오래가지 못했다.

"단순노동을 3개월 하니 너무 지루하고 재미가 없었어요. 손님이 와도 너무 귀찮고 힘들었어요. 돈을 보고 한 일이라 정말 재미가 없었습니다. 통장에 돈이 꽂히는데도 친구도 못 만나고 문화생활도 못 누리니 사는 것 같지가 않았어요. 그만두고 해외 연수를 떠났다가 돈이 없어서 3개월 만에 돌아왔습니다."

이후에는 일하기 더욱 힘들었다. 나이는 '여성'에게서 일자리를 구할 수 있는 기회를 점점 빼앗아갔다. 그녀는 직접 사람을 만나는 알바가 저어되어 콜센터 등 비접촉적인 서비스직을 선택했다. 자존감이 바닥을 쳤고 우울증을 앓았다. 그러던 중 우연한 계기로 시민사회단체 두 곳에서 잠시 일을 했다. 성취감은 좋으나 노동 조건이 너무 열악하거나, 노동 조건은 좋으나 분위기가 너무 쿨하고 삭막해서 두 곳 모두에서 적응하지 못했다.

H는 6개월 정도의 짧은 기간 동안은 고도의 집중력과 에너지를 투여하고 그 이후에는 탈진하는 스타일이었다. 위에서도 이야기했지만 결코 일을 대충하지 않고 온 에너지를 일에 쏟아붓는다. 그래서 그녀와 함께 있으면 참으로 유쾌하고 즐겁다. 하지만 그것이 그녀를 힘들게 하는 또 하나의 원인이기도 했다. 그녀에게는 에너지를 쏟은 만큼의 긴 휴식이 필요했다. 그녀는 이렇게 이야기한다.

"결론적으로 아직까지 내가 심심하지 않고 소진되지 않는 안정적인 시스템을 가지고 있는 직장을 만나지 못했습니다. 난 그런 곳을 계속 찾는 것 같아요."

안정적인 일자리는 굉장히 반복적이고 정태적이라 심심한 반면, 창의적인 일자리는 체력과 정신 모두를 쏟아붓기 때문에 번아웃 되어버린다.

최근 그녀는 서울시뉴딜일자리로 취직해 비교적 노동 조건이 좋고 자신이 좋아하는 디자인 업무도 할 수 있는 1년짜리 기간제 노동자로 산다. 그럼에도 그는 칼퇴를 하지 못한다.

"왠지 1년 계약직이라고 설렁설렁 한다는 이미지를 보여주기 싫었어요."

그녀는 돈을 더 준다는 사기업이 있었지만 야근을 많이 할 것 같아 거절한 터였다. 가고 싶었던 회사에서는 그녀의 나이를 부담스러워했다. 어쩔 수 없이 칼퇴를 위해 계약직을 선택했지만 자발적인 야근을 하고 있는 것이다. 고구마같이 갑갑한 그녀에게도 마시고 싶은 사이다는 있었다.

"기본적으로 우리나라 노동시간이 너무 길고 노동 강도 또한 센 것 같아요. 말 그대로 여유로운 삶을 살아보고 싶어요. 일은 하루에 5~6시간? 사실 요즘 주말도 너무 짧아요. 주말이 3일 정도 되면 좋겠습니다. 일하는 것보다 생각하는 시간이 많으면 좋을 것 같아요. 내가 빠른 결과물을 바라고 인정받고 싶어 하는 것은 그런 분위기에서만 일을 해왔기 때문인 것 같아요. 하나를 하더라도 정확하게 그리고 웃으면서 여유 있게 일할 수 있는 직장을 꿈꿔봅니다."

이런 직장이 존재하기는 힘들어 보인다. 그녀가 백수로 지낸 이유이기도 하다. 38년의 인생 동안 그녀가 일한 기간을 꼽아보았다. 약 7년 정도다. 나머지는 백수로 살았다. 그녀를 먹여 살린 사람은 언니였다. 많은 사람들이 그런 그녀에게 "팔자 좋다", "사람 구실 언제 할래?"라며 비웃었다. 무엇보다도 그녀의 자존감이 바닥을 쳤다. 그녀 언니의 역할을 만약 사회가 한다면? 그녀가 훨씬 더 자신의 역량을

발휘하면서 살 것 같다.

S의 소망

한국의 근속년수는 5.1년으로 OECD 꼴찌다. 왜 이렇게 짧을까? 비정규직이 워낙 많기도 하지만, 알바노동 현장에서 벌어지는 각종 인권 침해가 정규직 노동 현장에서도 벌어지고 있기 때문이다. 산업 재해, 장시간 노동, 인권 침해, 성희롱……. 신입 사원들은 기존의 한국식 기업 문화와 충돌하곤 한다. 믿기 어렵겠지만, 정규직을 그만두고 알바노동을 선택하는 경우도 있다. 서울시 청년 아르바이트 직업 생태계 실태 조사에서는 이런 현상을 다음과 같이 설명한다. '알바노동이 안정적이지만 매너리즘을 느끼게 된 정규직과 대비되는 진로 재탐색의 장으로 기능하고 있었음.'

현실에서 정규직이 마치 귀족처럼 취급되니 정규직 노동자 역시 자신의 불만과 욕구를 누르고 회사와 사회가 바라는 대로 살아야 한다. 열악한 환경의 노동자들과 비교하면서 배부른 소리하지 말자고 스스로를 통제한다. 회사는 소수의 노동자에게만 충분한 임금과 고용 보장을 약속하며 이들을 마음껏 부린다. 그래서 25~30년 동안 준비해서 들어간 꿈의 직장 대기업에서 12년을 버티는 게 평균이다. 한국은 1년 미만의 알바노동자, 2년 미만의 비정규직 노동자, 5～10년의 정규직 노동자가 일하는 기간제 노동 국가다.

우리 사회는 지금까지 정규직 노동자들의 퇴사를 '해고'로 전제하고 논의를 진행했다. 노동자들은 정말로 열심히 일하고 싶은데 회사가 억지로 잘라낸 것이다. 그래서 공장으로 돌아가는 것이 꿈이다. 정리해고만 안 시켜도 좋은 기업이다. 그런데 이렇게 이야기하면 공장과 대기업이 마치 꿈의 직장처럼 보인다. 이런 식의 논의들은 '배부른 대기업 노동자가 뭐가 부족하다고 싸움을 하느냐'라는 반응으로 이어진다. 이제 우리는 다른 질문을 던질 필요가 있다. 해고되지 않고 살아남은 노동자는 행복한가?

저녁 7시가 한참 지났는데도 S는 나타나지 않았다. 40분 동안 주문도 하지 않고 앉아 있는 나를 바라보는 사장의 눈초리가 따갑게 느껴졌다. 사실 약속 시간이 7시는 아니었다. 7시에 일을 마친다는 이야기를 듣고 내가 먼저 회사 근처 식당에 자리를 잡았다. 미안한 표정으로 들어오는 그녀를 보며 역시 한국에서 칼퇴는 힘든 일이라 생각했다. 출근은 몇 시에 하느냐고 물었다. 8시라는 대답이 돌아왔다. 뭔가 계산이 안 맞다. 8시에 출근을 하는데 왜 7시에 퇴근을 할까?

"원래는 5시 퇴근인데, 2시간 연장을 해서 7시에 퇴근해요."

그녀는 출판사에서 8년째 일하는 정규직 노동자다. 경남 양산이 고향이고 우연한 계기로 서울에 올라왔다. 그 사연이 재밌다. 소위 팬

잖은 국립대학교를 졸업한 그녀는 처음엔 저소득층 청소년들을 가르치는 공부방에서 일했다. 최저임금 이하의 돈을 받으면서, 국가 지원을 받을 수 있는 공부방을 만들기 위해 2년 동안 노력했다. 하지만 국가 지원금을 받기 위해서는 사회복지사 자격증을 따든가, 사회복지사 자격증을 가진 사람을 고용해야 했다. 사회복지사는 꿈이 아니었고, 가난한 공부방에 추가적인 인건비 부담을 지우고 싶지도 않았다. 계약 기간도 다가와서 관두기로 했다(계약 만료 시 비자발적 이직으로 보고 실업급여를 받을 수 있다. 여기서 이직은 다른 직장으로 옮기는 게 아니라 직장을 그만둔다는 뜻이다). 앞에서 이야기했듯이 실업급여를 받기 위해서는 구직 활동을 해야 한다. 서울의 출판사도 그중 하나였다. 딱히 기대를 하고 이력서를 넣은 것은 아니었다. 고용센터 직원은 서울에 이력서를 넣은 그녀에게 "너무 터무니없는 곳에 지원하지 말라"라고 충고했다.

하루는 이모가 집에 놀러오기로 했다. 그녀의 어머니는 딸에게 잠시 나가라고 했다. 빈둥빈둥 놀고 있는 모습을 들키기 싫었던 모양이다. "내가 왜 나가야 하는데?"라며 따졌지만 동생과 함께 집을 나올 수밖에 없었다. 서러운 마음에 동생과 돈가스를 먹으며 눈물을 흘렸다. 그런데 바로 그 터무니없는 곳, 서울의 출판사에서 서류 합격했다는 소식이 왔다. 실업급여를 받기 위해 서류를 넣은 곳이었지만, 푸대접을 받으며 집에 계속 있고 싶지 않았다. 연봉도 제대로 안 보고 서울로 올라가 면접을 보고 덜컥 합격했다. 연고가 없고 목돈도 없어 보증금 없이 월세만 내는 고시원에서 두 달을 살았다. 낯빛이 어두워지고 살이 쭉 빠진 그녀를 불쌍히 여긴 친구가 그녀를 거두었다. 아파트에서의 인간다운 삶도 잠시, 친구가 결혼을 하는 바람에 지금은 경기도의 보증금 300만 원에 월세 38만 원짜리 원룸에서 산다. 아래층은 피시방이라 시끄럽고, 누우면 꽉 차는 크기의 집이라 직장이 출판사임에도 불구하고 방에 책을 들여놓지 않는다. 직장은 홍대 근처인데 집에서 약 1시간 거리다. 8시까지 출근하려면 6시에 일어나서 준비해야 한다. 7시에 퇴근해 밥 먹고 씻으면 하루가 그냥 간다. 그녀가 가장 괴로워하는 부분이다. 도무지 시간이 없다.

"5시 칼퇴는 불가능한가요?"

"모르겠어요, 제가 왜 이러는지. 시간의 여유를 찾고는 싶은데 연장을 하게 돼요. 돈 욕심이 있는 것도 아니에요. 그냥 자기 통제? 내가 이 일을 내 책임 아래 끝내야 한다는 생각이 강해서 연장을 하게 돼요."

아무도 그녀에게 7시 퇴근을 지시하지 않았다. 심지어 같은 팀의 두 사람은 육아휴직까지 썼다. 한 명은 남성이었다. 한국 사회에서 남성이 육아휴직을 거의 쓰지 않는다는 점을 고려하면 회사 분위기가 나쁜 건 아니다. 하지만 그녀는 스스로 맡은 일을 해내야 한다는 생각이 강하게 든다고 했다. 앞 장에서 살펴본 맥도날드 매니저들의 자기 착취와 비슷한 느낌이다. 한병철은 《피로사회》에서 신자유주의 시대 사람들은 과거의 규율과 규칙에 의해 통제를 받던 사람들과 달리 스스로를 착취한다고 지적했다.

두 명의 육아휴직 덕분에 일이 그녀에게 몰렸다. 회사는 대체 인력을 한 명만 뽑았다. 이처럼 육아휴직이 그나마 보장되는 직장에서는 비혼의 젊은 사원들에게 일이 몰리는 현상이 발생한다. 대체 인력을 충분히 뽑지 않을 뿐더러, 뽑는다 하더라도 일을 가르치면서 선임의 일을 해야 하기 때문에 업무는 가중된다. 노동자에 대한 복지 비용을 사회와 기업이 아니라 다른 노동자가 감당하고 있는 셈이다.

이렇게 많은 일을 하지만, 그녀가 포괄임금제를 적용받고 있었다는 사실을 안 것은 입사 뒤 7년이 지나서였다. 노무사가 와서 직원들에게 한 번 설명해주고 갔다고 한다. 그녀가 받는 연봉을 실제 일한 시간으로 나눠서 시급으로 계산하면 정규직이라 하더라도 시급 1만 원이 안 된다. 중소기업의 많은 정규직 노동자들도 실제 일한 노동시간으로 계산하면 시급 1만 원이 안 된다. 200만 원 미만을 받는 노동자는 940만 명 정도이고, 200만 원을 겨우 넘기는 노동자도 연장과 특근을 통해 얻는 소득이다. 따라서 최저임금 1만 원은 알바노동자가 아니라, 대다수 노동자의 이해와 관련한 문제다(사람인에 따르면 신입사원 초봉은 중소기업 2,226만 원, 중견기업 2,786만 원, 대기업 3,595만 원이다). 이 정도면 맥도날드 배달 노동자로 건당수당을 받는 나와 1,000원 정도의 시급 차이가 날뿐이다. 저임금·장시간 노동과 고용 안정을 맞바꾼 셈이다.

그나마 그녀가 이런 환경에서 8년을 견딜 수 있었던 까닭은 퇴근 뒤에는 회사에서 연락을 하지 않는 분위기 때문이다. 카톡도, 메일도, 전화도 하지 않는다. 가끔 무례한 저자가 전화를 하기는 하지만, 그땐 못 받은 척하고 다음날 출근해서 전화를 한다는 비밀을 알려줬다. 휴가 때도 연락하지 않는 것 하나만큼은 지켜준다. 그녀에겐 퇴근 이후 쉬는 시간의 삶에 개입하지 않는 회사 분위기가 정말로 중요하다.

그녀는 최저임금 1만 원과 기본소득을 어서 쟁취해달라고 말했다. 그의 꿈은 사실 일을 그만두고 노는 것이었는데, 인터넷을 검색하다 우연히 기본소득을 알게 됐다. 그런데 이야기를 계속해보니 그녀가 말한 "논다"는 정말로 노는 게 아니었다. 임금노동이 아닌 진짜로 하고 싶은 일을 하는 것이었다. 평생 이렇게 회사와 일심동체로 살 수는 없다.

진짜로 하고 싶은 일이 무엇인지는 아직 알 수 없다고 했다. 하지만 유추해볼 수는 있을 것 같다. 그녀의 유일한 활력소는 집에서 쉬는 게 아니었다. 일주일에 단 하루 공부방 가기가 그녀의 유일한 낙이었다. 피곤하지 않을까?

"회사와 전혀 다른 시간과 공간에 있다는 것이 저에게 살아 있다는 느낌을 줘요. 시간과 공간의 단절이 제게는 중요해요. 힘들다는 생각 보다는 삶의 활력을 줘요. 왜 맑스가 이야기한 그거, 오전에는 뭐하고 저녁에는 토론하고……뭐더라?"

그녀가 말한 삶의 핵심은 생존을 위해 일하는 시간, 즉 임금을 버는 노동시간을 줄이는 것이다. 나머지 시간은 다른 일을 하고 싶다. 그녀가 인용한 말은 마르크스의 《독일 이데올로기》에 나온다.

아무도 하나의 배타적인 활동의 영역을 갖지 않으며 모든 사람들이 그가 원하는 분야에서 하고 싶은 일을 할 수 있으며, 사회가 전반적 생산을 규제하여, 내가 하고 싶은 대로 오늘은 이 일을 내일은 저 일을 하는 것, 아침에는 사냥하고 오후에는 낚시하고 저녁에는 소를 치며 저녁 식사 후에는 비평을 하면서도, 사냥꾼으로도 어부로도 목동으로도 비평가로도 되지 않는 일이 가능하게 된다.[53]

《독일 이데올로기》의 이 구절과 비슷한 말이 《논어》에도 나온다. "子曰 君子不器." 군자는 한 가지 특정한 목적에 사용되는 각종 기물이 아니다. 한 가지 일에만 쓰이는 물건이 아니라, 학식과 덕망을 두루두루 갖춘 완전한 인격자가 인간이 추구해야 할 가치라는 뜻이다. 인간은 기계나 물건처럼 살면 안 된다는 지점에서 마르크스와 공자가 만난다. 인간성 지키기와 하루 온종일 한 가지 일만하기는 양립하기 힘들다.

그녀의 이러한 소망은 사실 혼자만의 망상이나 특별한 욕구가 아니다. 60만 회원을 자랑하는 '취업대학교'라는 커뮤니티에는 매일같이 대기업 채용 공고가 올라온다. 동시에 다른 한편에서는 고액 연봉의 좋은 일자리에 있으면서도 계속 다닐지를 고민하는 글들이 올라온다. 주로 비인간적인 노동시간과 사내 문화 등을 퇴사의 이유로 꼽는다.

S의 소망은 소박하다. 많은 돈이 아니라, 자신이 먹고 살 수 있을 만큼의 돈을 좀 더 적은 시간 일하면서 받고 싶다. '서울시 청년 아르바이트 직업 생태계 실태 조사'에 이와 관련한 흥미로운 결과가 있다. 알바노동자들이 희망하는 적정 희망 소득은 평균 176만 원. 주당 근로 시간은 35시간이었다. 물론 학력과 성별에 따라 희망 소득에 차이가 있었지만, 시급 9,500원 정도로 소박했다. 사실 임금보다 더 쟁취하기 힘든 것은 주 35시간 노동이다. 현실은 월 200만 원 받고 주 52시간 이상 일하는 정규직이 즐비하다.

과연 충분한 소득과 충분한 휴식이라는 소망은 양립 불가능한 욕심일까? 이 오래된 몽상을 한마디로 표현하면 직업 안정에서 소득 안정으로의 전환이다. 오직 임금노동으로만 소득을 얻는 구조를 무너뜨리는 것이다. 우리에겐 정녕 인생을 바치고 고임금을 받거나, 느긋한 인생을 누리고 빈곤을 얻는 두 가지 선택지밖에 없을까?

안식년제

1516년 토머스 모어는《유토피아》를 세상에 내놓았다. 그는《유토피아》에서 6시간 일하고 8시간 자며 그 외에는 각자의 취미, 특히 독서에 시간을 보내는 세상을 상상했다. 국가의 부는 모든 시민에게 균등하게 분배된다. 당시 사람들에겐 얼마나 황당하게 들렸을까. 하지만 그보다 더 황당한 것은 6시간 노동의 꿈이 500년이 지나도 이루어지지 않고 있다는 사실이다. 그 시절로 돌아가 토머스 모어에게 오늘날 한국 알바노동자들의 현실을 알려준다면《유토피아》대신《디스토피아》가 탄생했을지도 모르겠다.

2017년 민주당 대통령 후보 경선 과정에서 유력 대선 후보가 10년에 1년을 쉬자는 유급안식년제를 발표해서 거센 논쟁이 벌어졌다. 사람들은 10년도 일을 못하는데 어떻게 안식년제의 혜택을 받느냐고 푸념했다. 타당한 비판이다. 그렇다고 해서 이 제도의 취지와 방향까지 기각할 필요는 없다. 사람들이 좀 더 충분한 휴식 시간을 가지자는 취지와 방향은 맞다. 그것은 오래된 인류의 꿈이다. 문제는 좀 더 과감하지 못한 데 있다. 노동시간의 획기적 단축과 기업 이윤 환수를 통한 국가 재정 확보, 고용 안정이 전제되어야 한다. 결정적으로는 연차도 못 쓰는 노동 현실과 한국의 기업 문화를 바꾸지 않으면 세상 물정 모르는 정치인의 이야기가 될 뿐이다. 한편, 안식년은 노동시장에서 뿐만 아니라 학교에서의 장시간 학습 노동과 자영업자의 영업 시간 단축까지 함께 고려해 설계해야 한다. 일부 대안학교에서 시행하고 있는 것처럼, 교육과정에서도 진로 탐색을 위해 다양한 경험을 쌓을 수 있는 1년 정도의 안식년을 도입하는 방안도 상상할 수 있다.

이런 파격적인 생각을 실제로 한 사람이 있다. 2012년 울산과학대 청소 노동자였던 김순자 후보는 대통령 선거에 출마해서 전국민안식년제도를 공약으로 내걸었다. 당시에는 제2의 허경영이란 소리도 많이 들었지만, 그가 이야기한 최저임금 1만 원, 기본소득, 안식년 제도가 5년 뒤 유력 대선 후보들의 공약이 되었다. 김순자 후보가 안식년 제도를 이해한 방식이 흥미롭다. "청소를 하다가 교수실이 비워 있지 않은교. 근데 안식년이라 안 카나. 이야, 교수들은 참 좋겠다 생각했는데, 우리도 열심히 일하다 쉬면 좋겠다는 생각이 드는기라. 안식년 제도 처음 들었을 때 '그래! 와 우리는 못하노' 이런 생각이 들었던 거 아닌교."

어떤 사람들은 교수들은 연구할 시간이 부족하기 때문에 안식년 제도를 주는 거라고 주장한다. 안식년을 연구 시간, 직무에 필요한 시간으로 이해하는 것이다. 그런데 교수뿐만 아니라 모든 사람은 일을 하다보면 지친다. 그리고 쉬는 시간은 쉬기만 해도 된다. 그 시간을 반드시 업무 효율을 높이기 위한 시간으로 사고할 필요가 없다. 우리가 존재하는 이유가 일만 하기 위해서는 아니잖는가.

여기서 핵심적으로 짚고 넘어가야 할 문제가 있다. 그럼 안식년 휴가 간 사람의 일을 누가 하느냐? 제도 정착이 된 이후에는 안식년에서 복귀한 노동자가 하겠지만, 처음 시도할 때의 인력 공백은 비정규직과 알바노동자가 맡아야 한다. 누군가는 일, 누군가는 쉼이 필요하다. 누군가 육아휴직을 사용하면 누군가 그 자리를 채워야 한다. 나는 이처럼 타인의 휴식과 돌봄을 위해 필요한 비정규적인 노동을 '연대적 유연화'라고 부르고 싶다. 기업이 노동자들의 단결을 해치기 위해서 도입한 유연, 상품의 공급과 수요에 따른 고용 유연화와는 다르다. 연대적 유연화에 필요한 노동자들은 임금노동을 하는 기간이 짧고 고용 안정성이 매우 낮다. 이 위험에 따른 비용이 필요하다. 따라서 정규직의 시간급보다 높은 임금을 책정해야 한다. 이렇게 되면 자연스레 기업은 불필요하게 고용했던 비정규직을 정규직으로 전환할 이유가 생긴다.

노동시간 단축

이것에 앞서 선행되어야 할 과제가 하나 있다. 정규직 노동자들의 노동시간을 획기적으로 줄이는 것이다. 노동시간을 줄여서 노동자의 공백으로 생긴 타격을 줄일 필요가 있다. 이와 관련해 주목해야 할 논의가 있다. 문재인 정권은 노동시간을 주 68시간에서 52시간으로 줄이겠다고 공약했다. 그런데 한국에서는 이미 2004년 7월부터 주 5일제, 그러니까 주 40시간 노동이 도입됐다. 왜 사람들은 주 40시간 노동이 도입된 지 13년이 지나서 68시간 노동을 52시간으로 줄이겠다고 갑론을박하고 있을까? 단 한 번도 주 40시간 노동하며 살아본 적이 없기 때문이다. 노동법에서는 주 12시간까지 연장 근로를 할 수 있게 했는데, 토요일과 일요일은 한 주에 포함되지 않으므로 16시간을 추가할 수 있다. 그렇게 나온 시간이 68시간이다. 일주일은 5일이라는 이 이상한 해석은 근로기준법에 '1주란 휴일을 포함한 7일을 말한다'라고 명문화하면서 사라졌다. 다만 300인 이상 사업장과 공공기관은 2018년 7월 1일, 50인 이상 사업장은 2020년 1월 1일, 5인 이상 사업장은 2021년 7월 1일부터 시행된다. 여전히 일주일이 5일인 사람들이 있다. 그리고 연장 근로를 12시간으로만 제한하자는 게 지금의 주요 논의다. 그러나 이걸로는 한참 부족하다.

통계청 자료를 보자. 2016년 약 2,600만 명의 취업자(자영업자 포함) 중 530만 명 정도가 주 54시간 이상 일을 하고 있다. 45~53시간 일하는 사람은 전체 25.3%에 해당하는 663만 4,000명, 주 40시간 이상 일하는 사람은 45.5%에 달했다.[54] 평균 주 43시간이다. 1년은 52주니까 1년간 대략 2,200시간 이상 일한다. 하지만 이런 평균에는 함정이 있다. 여기에는 주 35시간 이하로 일하는 노동자들이 포함되어 있다.

이들이 대략 440만 명 정도다. 대부분 알바노동자일 것이다. 그렇다면 한국에서 단시간 파트타임으로 일하는 노동자들을 제외한 노동자들이나 자영업자들은 주 43시간이 아니라 더 많은 시간을 일하고 있는 셈이다.

여기서 공상적인 사고실험을 해보자. 2,600만 명이 1년에 2,200시간 이상 일하므로 1년이면 572억 시간이다. 한국 경제를 돌리기 위해 필요한 노동시간이다. 만약 법으로 정한 주 40시간 노동이 지켜진다면 1년에 2,000시간 일하므로 520억 시간이다. 약 52억 시간이 모자란다. 이것을 다른 노동자들을 고용해서 해결한다면 260만 명을 더 고용할 수 있다(52억 시간/2,000시간=추가 노동자). 지금의 한국인들은 1년 동안 260만 명을 더 고용해서 해야 할 일을 자기 몸을 혹사해서 처리하고 있다. 52억 시간에 2016년 최저임금 6,470원을 곱하면 33조 6,000억 원 정도다. 이 시간은 연장수당이므로 1.5배를 곱하면 약 50조 원이 나온다. 우리가 겪고 있는 피로와 과로의 가치다.

이왕 진행하는 사고실험이니 화끈하게 해보자. 만약에 《유토피아》에서 나온 것처럼 하루 6시간 노동을 주 5일 하게 되면 주 30시간 노동이 된다. 연간 약 1,500시간. 국민 2,600만 명을 곱하면 390억 시간 정도 된다. 그러면 1년에 필요한 572억 시간보다 182억 시간이 모자란다. 이것을 주 30시간 노동자로 채워 넣는다면 1,200만 명 정도가 더 필요하다. 그러면 경제 활동 인구가 약 3,800만 명으로, 한국 취업

가능 인구 4,400만 명 중 600만 명을 제외하고 모두 취업할 수 있다. 임금은? 2016년 한국의 피용자 보수는 736조 원 정도다(노동소득분배율 64%). 3,800만 명이 이 돈을 나누면 1인당 연봉 2,000만 원이다. 이 피용자 보수에는 자영업자 소득이 포함되어 있지 않다. 만약 2016년 소득 1,100조 원을 노동자와 자영업자의 몫으로 80% 정도 돌아가게 한다면 880조 원이 생긴다. 그러면 9시에 출근해서 4시에 퇴근하는 삶을 사는 3,800만 명이 2,300만 원의 연봉을 나눠 가진다. 맞벌이 부부라면 4,600만 원, 맞벌이에 일을 하는 자녀가 있는 가정이라면 6,800만 원의 소득을 얻는다.

물론 일의 효율성과 업무 연속성 등의 변수들을 고려하지 않아 현실 경제에 그대로 적용하기는 힘들다. 다만 우리가 여기서 확인해야 할 것은 노동시간을 확연하게 줄인다면 일자리를 늘릴 여력이 생기며, 분배를 잘하면 임금 삭감 없이 노동시간을 줄일 수도 있다는 점이다. 이것의 구체적인 방안과 정책은 정치인들과 연구자들의 몫이다. 그런데 한국은 그동안 전혀 다른 방향의 해결책을 제시해왔다. 일자리가 없고 돈이 없으니, 해고되기 싫고 임금 깎이기 싫으면 더 오래 열심히 일하라는 것이다. 이 방향을 바꾸는 것이 중요하다.

최저임금

임금은 적고 일은 오래 하는 한국 노동시장의 핵심에는 최저임금 제와 포괄임금제가 있다. 현행 임금 체계의 두 기둥이다. 지금까지 최저임금은 주로 알바노동자들의 생존권 문제로 다뤄졌다. 하지만 여기서는 최저임금의 경제적 가능성이 아니라, 최저임금이 한국 노동시장에서 갖는 의미에 대해 말하려고 한다.

최저임금이 낮다는 것은 월급명세서에서 기본급이 차지하는 비율이 상당히 낮다는 얘기다. 낮은 기본급으로는 생활이 안 되니 충분한 소득을 위해서 주 40시간 이상 일해야 한다. 이때의 선택이 연장 근무와 포괄임금이다. 즉 기본급이 아니라 상여금과 인센티브가 노동자의 진짜 소득이다. 지금 한국에서 노동시간 단축이 도저히 도입될 수 없는 이유도 여기에 있다. 노동시간이 줄면 소득도 준다. 따라서 노동시간 단축의 전제는 최저임금의 급진적 인상이다. 최저임금이 오르면 연장과 야간·휴일 근무를 피하는 효과도 생긴다. 연장수당에 50%의 가산임금이 붙기 때문에 최저임금 1만 원일 때는 시간당 1만 5천 원을, 만약 2만 원이라고 한다면 시간당 3만 원을 지불해야 한다. 사장 입장에서는 연장 근무와 휴일 근무를 시키는 게 두렵다. 그러므로 최저임금의 대폭 인상과 기본소득을 포함한 노동시간 단축에 따른 소득 보장 정책을 마련하지 않는 모든 노동시간 단축 주장은 사기다.

그럼 중소기업과 영세 자영업자는 어쩌란 말인가? 500만~600만 명의 자영업자 가운데 고용원을 가진 자영업자는 150만 명 정도다. 나머지는 사실상 사장이 노동자다. 이들에겐 노동자들의 소득 향상이 판매 수익에 도움이 된다. 뿐만 아니라 수익이 나지 않는 사업을 접고 노동시장으로 진입할 수도 있다. 또한 150만 명의 고용주 중 프랜차이즈 점주들에겐 본사와의 불공정 계약을 대폭 개선하는 방안을 마련해야 한다. 그리고 매달 수백만 원에서 수천만 원에 달하는 임대료를 대폭 내려야 한다. 이 문제의 핵심에는 토지 문제가 있다. 토지보유세를 통해 한국 사회의 고질적인 부동산 문제를 해결하고 토지공개념을 도입할 필요가 있다. 이것은 경제 문제가 아니라 정치 문제다. 알바노동자가 만만하다고 해서 알바노동자에게만 책임을 묻고 희생을 강요하지 않았는지 되돌아봐야 한다.

기본소득

여기에 더해 한 가지 생각해야 할 문제가 있다. 바로 저성장과 로봇의 문제다. 20세기 후반부터 선진 자본주의 국가들은 저성장의 벽에 부딪혔다. 제1세계 국가들은 환경을 파괴할 수 있는 산업을 제3세계로 옮겼다. 대신 선택한 굴뚝 없는 공장과 금융자본은 더 많은 고용을 창출하는 사업이 아니었다. GDP는 과거처럼 상승하지 않는데, 기술 발전으로 인간의 노동은 기계로 대체되고 있다. 소위 4차 산업혁명이라 불리는 공포다. 이러한 위기의 대안으로 기본소득이 거론된다. 물론 기본소득의 구체적인 실현 방안을 논하는 것은 이 책의 주제가 아니다. 다만, 기본소득이 왜 우리에게 필요한지를 살펴보자.

우선 기본소득은 GDP만을 가지고 논의하지 않는다. GDP에 잡히지 않는 투기 불로소득이 있다. 조세 피난처로 도망간 돈도 있다. 현대 자본주의는 도대체 사장이 누군지 알 수 없다. 주식시장에 상장한 회사의 주인은 누구일까? 얼굴 모르는 주주다. 따라서 개별 사업장에서 아무리 싸워도 이윤이 흘러가는 길을 모두 쫓을 수 없다. CU 점주의 수익은 본사로, 본사의 수익은 주주로 흐른다. 적이 누구인지 알 수 없다. 한국에서 발생하는 부동산 수익도 사실은 월세라는 이름으로 노동자의 월급 통장에서 뺏어가는 방식과 임대료라는 이름으로 업주의 장사 소득에서 뺏어가는 방식으로 만들어진 부다. 이 부를 개별적으로 싸워서 환수하기는 힘들다. 쫓겨나기 때문이다.

이렇게 노동자가 만든 부를 가져가는 것을 '수탈'이라고 하는데, 산업자본주의 시대에 노동자에게 저임금을 주고 상품을 만들게 해서 이윤을 남기는 방식의 '착취'와는 차이가 있다. 수탈은 투자라는 이름으로 노동자들이 만든 부를 주주와 건물주가 강탈하는 방식이다. 전 세계에서 화제를 모은 피케티의 《21세기 자본》은 이런 수탈 방식의 자본 소득이 노동 소득보다 높다는 점을 통계로 보여준다. 이것을 개별적으로 싸워서 분배 받기는 힘드니 국가가 역수탈해서 국민들에게 나눠주는 기본소득을 상상해보자는 것이다. 이런 방식으로 재원을 마련한 기본소득이 있다면 금융자본주의 시대, 유연화된 노동의 시대에 효과적으로 재분배를 할 수 있다. 뿐만 아니라 환경을 파괴하면서까지 성장률을 높이지 않아도 개개인의 소득을 올리는 효과를 낼 수 있다.

또한 기본소득은 '고용 없는 성장'이라는 신자유주의 논리를 '고용 없는 소득'으로 뒤집을 수 있다. 고용 없는 성장은 협박이다. 기업이 고용하지 않아도 이윤을 얻을 수 있다는 현실적 위협 속에서 노동자들은 살아남기 위해 모든 것을 걸 수밖에 없다. 이것이야말로 지금까지 살펴본 저임금과 노동법 위반의 근본 원인이다. 기본소득은 이러한 나쁜 일자리를 거절할 수 있는 힘을 준다. 이렇게 되면 해고가 두렵지 않다. 물론 알바노동자는 이전에도 해고가 두렵지 않았다. 워낙 노동 조건이 안 좋으니 언제든지 비슷한 조건의 일자리를 구할 수 있기 때문이다. 그래서 그동안 많은 알바노동자들은 아무 말 없이 지난 일자리를 안 좋은 추억으로 남기고 다른 일자리로 떠나는 선택을 했다. 알바추노라 불리는 현상이다. 제도나 노조의 도움을 받을 수 없으니 도망이라는 저항을 선택한다. 그런데 기본소득이 도입되면 해고 당해도 기본소득을 받으며 싸울 수 있다. 노동청에도 갈 수 있고, 법

공부도 할 수 있으며, 기자 회견을 열 수도 있다. 임금노동과 상관없는 소득은 알바노동자에게 파업 기금이자 해고 기금의 역할을 한다. 마치 정규직 노동자들이 노조를 만들어 자신의 임금 중 일부를 파업이나 해고 기금으로 적립해 일정 기간 월급이 나오지 않아도 살 수 있는 것처럼.

기본소득은 알바노동자들의 제2의 정체성인 백수들의 투쟁 기금이기도 하다. 여기저기 일자리를 옮겨 다니고, 실업과 해고를 반복하는 사람들에게 임금노동이 유일한 소득인 세상은 지옥이다. 임금노동을 얻기 위해서 온갖 부조리한 조건을 감수해야 하기 때문이다. 당연히 노동시장을 바꾸기 위한 자격조차 주어지지 않는다. 하지만 백수들에게 기본소득을 지급한다면 노동시장 밖에 있는 백수들이 노동조건 개선에 개입할 수 있다. 나의 스펙이 아니라 회사의 스펙을 높이라고 말할 수 있는 것이다. 이것은 국가의 투명성에도 기여한다. 기본소득을 받으려는 백수들이 좀 더 투명한 과세와 불필요한 예산에 대해 관심을 갖고 싸울 것이다. 좋은 학교와 대기업 취직에 목숨을 거는 사회적 분위기 역시 바뀔 것이다. 다양한 삶의 모습을 선택하고 도전할 수 있다.

물론 기본소득이 도입된다고 해서 곧바로 이런 변화가 일어나지는 않는다. 다른 사회 변화 없이 지금 당장 기본소득만 도입된다면 기본소득 담보 대출 상품이 출시되고, 기업은 임금을 삭감하려 할 것이다. 이에 대응하기 위해서는 사회적 약자들의 연대가 필요하며, 노동자들이 뭉치고 교류할 수 있는 제도적 장치가 갖춰져야 한다. 아무리 좋은 법과 제도도 현장에서 지켜지지 않으면 무용지물이다.

꿀알바의 나라를 꿈꾸다

이제 4차 산업혁명과 로봇에 대해 이야기하자. 미래를 보려면 역사를 보라고 했다. 인류는 이미 이와 비슷한 경험을 한 적이 있다. 바로 '러다이트 운동'이다. 교과서에서는 노동자가 자신의 일자리를 뺏은 기계를 미워해서 파괴한 운동이라고 서술한다. 이것은 러다이트 운동에 대한 심각한 오해다. 영국에서 산업혁명 이후 기계가 도입되기까지 100여 년 이상의 시간이 걸렸다. 기계가 발명되었다고 바로 사람들이 일자리에서 쫓겨나지 않았다. 왜일까? 사람값이 기계 값보다 싸기 때문이었다. 오히려 노동자는 기계와 경쟁하기 위해서 더 낮은 임금과 더 많은 노동을 강요받았다. 당시 영국 노동자들에게 가장 참을 수 없었던 것은 인간적 모욕이었다. 이에 대한 저항과 분노 속에서 러다이트 운동이 벌어졌다. 따라서 러다이트 운동은 기계에 대한 시기와 질투가 아니라, 인간을 기계 이하로 취급하는 사회에 대한 정당한 분노였다.

이런 이유로 한국은 4차 산업혁명이 일어나기 가장 힘든 나라다. 낮은 임금이 보장되어 있고, 노동자가 일하다 죽어도 사용자가 처벌받지 않으며, 가장 오랜 시간 동안 노동자를 부려먹을 수 있는 나라다. 이 좋은 인간을 비싸고 시간이 지나면 낡아버리는 기계와 맞바꿀 필요가 없다. 이 기계의 자리를 알바노동자들이 어떻게 채우고 있는지 이미 앞에서 살펴보았다. 만약 대기업이 기계화된다면 살아남기 위한 중소기업들의 노동자 착취는 더 심화될 가능성이 높다. 기술 진보에 비인간적인 노동을 확대하는 방향으로 대응할지, 노동시간 단축과 기본소득 등 기술의 진보를 인간적으로 활용하는 방향으로 나아갈지는 우리의 선택에 달렸다. 인간의 길로 나아가고 싶다면 노동시간 단축-최저임금 1만 원-기본소득이라는 삼각 나침반을 갖춰야 한다.

나침반이 준비되었다면 구체적인 목적지를 정해보자. 프리터(Freeter)의 나라 일본은 시급이 1,000엔(1만 원) 정도이지만, 재미있는 제도가 하나 있다. 교통비가 비싸서 교통비를 교통카드 정기권의 형태로 지급한다. 단, 출퇴근 시간 등 지정한 시간에만 사용할 수 있다. 덴마크 버거킹 알바노동자의 시급은 2만 5천 원, 4주간의 유급휴가와 퇴직연금이 주어진다. 한국에서도 상상해볼 수 있다. 알바노동자에게 식대가 지급되고, 빨간 날엔 1.5배의 휴일근로 수당이 주어진다. 자발적 이직에 대해서도 구직급여가 지급되고, 일하다 다치면 당연하다는 듯이 산재 처리가 된다. 퇴직금은 1년을 채우지 않아도 일한 기간에 비례해 조금이라도 주어지고, 알바노동자가 명시적으로 요청하지 않는 한 주 15시간 이상의 스케줄이 보장된다. 앉아서 일하거나 쉴 수 있도록 노동자에게 의자가 주어지고, 진상 손님에 대해서는 거부권을 행사할 수 있다. 알바노동자가 건의 사항을 이야기할 수 있도록 모든 사업장에서 분기별로 노사협의회를 연다. 근로감독관이 충분해서 근로기준법 위반에 대한 처벌이 강력하게 적용되고, 노동조합 가입이 4대 보험처럼 당연한 것이 된다. 알바지옥이 아니라 꿀알바의 나라다.

자격의 경제에서 벗어나기

내가 이 책에서 전복하고자 하는 것은 '알바노동자=시간당 최저임금'이라는 등가교환이다. '왜 둘의 가치는 같은가?'라는 의문이 사실 이 책을 쓰게 된 계기다. 왼쪽 항에 있는 '알바노동자' 자리의 정확한 이름은 알바노동자가 아니라 '알바노동'이라는 노동력의 가치다. 쉽게 말하면 그 직업의 시간당 가치다. 그것은 사람의 가치가 아니다. 하지만 우리는 사람의 가치로 착각한다. 아니 그렇게 생각할 수밖에 없다. 이것을 '필연적 가상'이라고 한다. 한마디로 아르바이트 일자리를 직업의 가치가 아니라, 시간당 최저임금을 받는 인간의 가치라고 생각한다. 이런 교환의 극단이 백수의 등가교환이다. '백수=0원'. 즉 노동을 하지 않는 백수, 전업주부, 장애인은 그 누구도 구매하지 않는 무가치한 존재들이다.

'알바노동자=시간당 최저임금' 공식에서 교환하는 것은 인간의 노동만이 아니다. 여러 번 지적했듯이 알바노동자의 욕망(주거, 소비, 취미 활동, 여행, 배움 등), 사회적 가치와 평판, 인권, 국가의 지원 역시 최저임금의 가치로 교환된다. 그래서 이 등가교환을 어기는 시도 즉 최저임금 이상을 요구하는 것은 불공정한 일, 주제 넘는 욕심이다. 당연히 권력도 없으니 세상이 이들에게 관심을 표할 이유도 없다. 알바노동자들에게 가해지는 무수한 근로기준법 위반과 폭언, 폭행, 사회적 멸시, 임금 할인은 이 등가교환의 효과다.

또한 '알바노동자=시간당 최저임금' 공식은 알바노동자의 과거와 현재, 미래를 교환한다. 이 공식에서 왼쪽 항에 들어간 사람의 과거는 최저임금을 받을 만한 역사로 바뀐다. 실제로 어떻게 살았는지는 상관없다. 그저 과거에 게을렀기 때문에 최저임금과의 교환에 응하게 된 것이다. 따라서 대부분의 결론은 오른쪽 항이 아니라 왼쪽 항을 바꾸는 것으로 모아진다. 알바노동자에게 놓인 미래는 왼쪽 항의 변화 곧, 오직 자신의 가치를 높일 수 있는 방법을 찾는 것뿐이다. 하지만 미래에 최저임금보다 높은 임금과의 교환에 실패한다면, 지금의 노력은 게으르고 능력 없는 과거로 바뀌고 만다. 현재가 과거를 규정한다.

그런데 주목해야 하는 것은 이것이 '공정한' 등가교환이라는 점이다. 알바노동자들의 가치가 매우 높은데 사회가 사기를 쳐서 임금을 할인한 것이 아니다. 어느 누가 이 등가교환을 부정할 수 있단 말인가? 물론 이 등가교환을 파괴하는 사람들이 있다. '건물주=임대료'의 교환에서 건물주가 임대료를 받을 수 있는 유일한 근거는 소유다. 주식 배당금, 이자 소득 그리고 뇌물 역시 이런 등가교환을 파괴한다. 이들은 이 공정한 법칙 아래서 살지 않는다. 건물주는 자기 자신을 바꿀 필요가 없다. 오른쪽에 있는 임대료를 바꾸면 그뿐이다.

그래서 한 가지 의문이 든다. '알바노동자=시간당 최저임금'에서 왜 우리는 오른쪽 항 바꾸기를 상상하지 못하는가? 사실 이 교환은 경제학 원리에 따른 결정이 아니다. 노동자와 경영자의 협상과 국가의 개입이 만든 공식이다. 요컨대 알바노동자의 가치는 노력의 대가가 아니라, 정치적 결정의 결과다. 결국 알바노동자가 해야 할 일은 이 등가교환의 전복이다. 이 전복의 지렛대가 바로 기본소득이다. 얼마의 임금과 교환되든, 심지어 임금으로 교환되지 않더라도 알바노동자는 사회 공동체로부터 일정한 소득을 받을 자격을 갖는다. 여기에 조건은 없다. 존재하기만 해도 가치가 있다. 그러므로 '백수=0원'이 아니다. 말도 안 되는 얘기일까?

모든 사람이 존재만으로 가치 있다는 인류의 이상은 이미 정치적 영역에서 이루어졌다. 한국의 모든 국민은 똑같은 투표권을 가진다. 각각의 표에 가치 차이는 없다. 이제는 경제적 영역에서의 자격 문제를 점검할 때다. '알바＝시간당 최저임금'이 아니라 '알바＝국민이자 인간'이다. 알바에게 어울리는 옷, 알바에게 어울리는 집, 알바에게 어울리는 밥 같은 건 따로 없다. 필요한 것은 알바에게 어울리는 나라뿐이다. 다만 동정은 금물이다. 누가 누구를 지킨다는 프레임에서는 당당한 저항이 불가능하다. 동정 받아야 할 착하고 불쌍한 알바노동자는 없다. 알바노동자는 하찮은 알바도, 불쌍한 알바도 아닌 자기의 삶을 사는 인간일 뿐이다. 알바의 자리에 장애인, 여성, 청년, 성소수자가 들어가도 마찬가지다. 모욕과 동정이 아닌 연대와 존중, 보호가 아닌 보장이 필요하다.

　이제 행복한 노동을 상상해보자. 사람들은 학력과 연령, 성적지향, 인종에 관계없이 다양한 일자리를 선택한다. 어떤 일을 하더라도 충분한 소득이 보장되기 때문이다. 안정을 원하는 사람은 정규직 일자리를 선택한다. 정규직 노동자들은 9시 출근하고 4시에 퇴근한다. 퇴근 뒤에는 가족과 시간을 보내거나 취미 생활을 즐긴다. 24시간 노동이 필요한 일자리는 4교대로 돌아간다. 자신이 원하는 시간에 일하고 싶은 사람들은 알바노동이나 비정규직을 선택한다. 4대 보험을 받을 수 있고 충분한 소득을 보장받으며 경력도 인정받는다. 1년은 돈을 벌고 1년은 여행을 떠나는 삶을 선택할 수도 있다. 정치에 뜻이 있는 사람은 기존 정치 질서와는 다른 정당의 창당을 모색할 수도 있고, 새로운 시민운동을 만들 수도 있다. 공부에 뜻이 있는 사람들은 생존의 위협을 느끼지 않고 자유롭게 연구할 수 있고, 예술가들은 사회가 요구하는 상업적 예술 말고 실험적이고 도전적인 창작 활동에 도전할 수 있다. 청소년들은 더 이상 대학 진학에 모든 것을 걸지 않아도 된다. 부모들은 자녀의 독립 때문에 인생을 희생하지 않아도 되고, 노인들은 자식에게 손을 벌리지 않아도 된다.

허무맹랑한 공상일까? 상식의 회복을 목표로 삼을지, 아니면 상식의 재구축을 목표로 삼을지에 따라 우리의 미래도 달라질 것이다. 늘 후자의 시도가 세상을 좀 더 괜찮은 방향으로 이끌었다고 믿는다. '알바가 직업이 되는 나라'가 디스토피아가 아니라 유토피아를 뜻하는 세상. 이것이 내가 새롭게 만들고 싶은 상식이다.

1. 서울시 청년 아르바이트 직업 생태계 실태 조사(서울 25개 자치구 청년 아르바이트 일자리 모집 변화 추이).

2. http://v.media.daum.net/v/20170201030318738?f=m

3. http://m.cafe.daum.net/kyEmc/73T/1793?q=D_AZNNQlTria90&

4. '맥도날드의 실체...'986년'짜리 알바 계약서', 〈오마이뉴스〉, 2015. 3. 20.

5. 피해 알바노동자의 증언, 〈YTN〉, 2016. 6. 14.

6. http://gs25.gsretail.com/gscvs/ko/franchise-info/guide/affiliation-types

7. https://www.oecd.org/gender/data/genderwagegap.htm

8. 〈동일노동 동일임금 동일민낯 설문 조사〉, 알바노조, 2017. 3. 8.

9. 〈동일노동 동일임금 동일민낯 설문 조사〉, 알바노조, 2017. 3. 8.

10. 〈동일노동 동일임금 동일민낯 설문 조사〉, 알바노조, 2017. 3. 8.

11. http://www.wikitree.co.kr/main/news_view.php?id=254983

12. 〈진짜 알바들의 이야기〉, 알바노조 대구지부, 27쪽.

13. 〈진짜 알바들의 이야기〉, 알바노조 대구지부, 27쪽.

14. "다리 예쁘니까?"... 아시아나 치마 강요 논란 재점화', 〈오마이뉴스〉, 2013. 7. 11.

15. 〈동일노동 동일임금 동일민낯 설문 조사〉, 알바노조, 2017. 3. 8.

16. 〈진짜 알바들의 이야기〉, 알바노조 대구지부, 76쪽.

17. 〈진짜 알바들의 이야기〉, 알바노조 대구지부, 77쪽.

18. '한 남자가 여자 이름으로 업무 메일을 보내고 겪은 '흥미로운' 경험', 〈허핑턴포스트〉, 2017. 3. 15.

19. 알바노동자대회, 알바노조, 2016. 11.

20. 알바노동자대회, 알바노조, 2016. 11.

21. 〈×× 레스토랑 직장 내 성희롱 사건 자문 의견서〉, 여성노동법률지원센터.

22. 알바상담소(http://cafe.naver.com/talkalba) 2016. 1.

23. 알바상담소(http://cafe.naver.com/talkalba) 2016. 5. 2.

24. 알바상담소(http://cafe.naver.com/talkalba) 2016. 5. 10.

25. 알바상담소(http://cafe.naver.com/talkalba) 2016. 6. 11.

26. 〈진짜 알바들의 이야기〉, 알바노조 대구지부, 31쪽.

27. http://kin.naver.com/qna/detail.nhn?d1id=6&dirId=60802&docId=217765530&qb=7K
eA6rCB67KM6riI&enc=utf8&section=kin&rank=1&search_sort=0&spq=0&pid=T792
OwpySpsssvcx/YVssssssZ-256210&sid=/O8zFABgeguDEIEvuiJNrg%3D%3D〉

28. 〈진짜 알바들의 이야기〉, 알바노조 대구지부, 46쪽.

29. 알바상담소(http://cafe.naver.com/talkalba), 2016. 1. 20.

30. 알바상담소(http://cafe.naver.com/talkalba), 2016. 7. 8.

31. 〈진짜 알바들의 이야기〉, 알바노조 대구지부, 34쪽.

32. 〈진짜 알바들의 이야기〉, 알바노조 대구지부, 35쪽.

33. 〈진짜 알바들의 이야기〉, 알바노조 대구지부, 35쪽.

34. 알바상담소(http://cafe.naver.com/talkalba), 2016. 6. 19.

35. 알바상담소(http://cafe.naver.com/talkalba), 2016. 7. 16.

36. 알바상담소(http://cafe.naver.com/talkalba), 2016. 6. 16.

37. 〈진짜 알바들의 이야기〉, 알바노조 대구지부, 41쪽.

38. 네이버 국어사전.

39. 〈근로감독관 피해 실태 조사〉, 알바노조, 2016. 1. 18.

40. 〈근로감독관 피해 실태 조사〉, 알바노조, 2016. 1. 18.

41. 〈근로감독관 피해 실태 조사〉, 알바노조, 2016. 1. 18.

42. 〈근로감독관 피해 실태 조사〉, 알바노조, 2016. 1. 18.

43. '일본·미국 뛰어넘는 임금체불 문제 어떻게 하나', 〈매일노동뉴스〉, 2017. 2. 23.

44. 부천지청 근로감독관 피해 사례, '근로감독관을 바꾸자' 기자 회견, 알바노조, 2016. 1. 18.

45. 알바상담소(http://cafe.naver.com/talkalba), 2016. 1. 5.

46. 부천지청 근로감독관 피해 사례, '근로감독관을 바꾸자' 기자 회견, 알바노조, 2016. 1. 18.

47. '카카오톡 vs 배달앱, 음식 주문 경쟁 승자는?', 〈EBN〉, 2017. 2. 14.

48. '오토바이 배달 노동자들에게는 안전 장치가 없다', 박정훈, 〈생명안전시민넷〉, 2018. 10. 2.

49. http://story369.com/Article/ArticleView.php?UID=10192612

50. '한국인 자살 충동 원인 1위는?', 〈한겨레〉, 2016. 11. 15.

51. '20대의 자존감을 말하다', 알바천국 설문 조사, 2017. 1. 23~31.

52. "'불쌍하고 얌전하고 부족하게' 보여야 사는 사람들', 〈프프ㅅㅅ〉, 2018. 3. 14.

53. 《칼 맑스·프리드리히 엥겔스 저작 선집 1》, 최인호 옮김, 박종철출판사, 214쪽.

54. '노동에 시달리는 대한민국… 작년 평균 근로시간 43시간', 〈신아일보〉, 2017. 3. 26.